年齢別

子どもと作れる壁面・月の製作アイディア176点

かわいい壁面プチ

秋・冬・早春編

はじめに

壁面や製作のアイディアがたくさん詰まっているのにお手軽サイズ！そんな現場の先生方のご要望におこたえしてできたのが本書です。季節・テーマごとに分かれているので探しやすく、年齢の目安も記されているので、クラスの製作活動にも活用してください。壁面点数44点、定番アイテムとそのバリエーションが、なんと176点の大ボリューム！ 本書が先生方の楽しさいっぱいの壁面、製作活動のお役にたてればと思います。

編集部一同

ひかりのくに

本書の特長

保育現場のニーズにこたえた、
現場で使いやすい壁面のアイディアが満載の本です！

1 季節の壁面アイディアがいっぱい！

※季節・テーマごとに分かれているので探しやすい！

2 年齢別製作アイディアもいっぱい！

※保育者が壁面アイテムとして作っても、年齢の目安を見て、製作活動として子どもが作っても、

OK！

3 季節の壁面 44点の定番アイテム ＋ その作り方バリエ×3 ＝ なんと、全176点の大ボリューム！

4 壁面製作の7つのポイント＆製作活動を楽しくするコツもご紹介！

本書の見方

保育者が使いやすいように、下記のような見せ方をしています。
壁面の例をそのまま生かしても、アレンジやアイディアを取り入れてもOKです！
各コーナーを参考に、すてきな壁面作り、製作活動に生かしてください。

季節、壁面のテーマを示しています。

素材

掲載壁面を作るのに必要な製作素材を示しています。

●●の作り方

掲載壁面の定番アイテムとその作り方を紹介しています。

 は定番アイテムを作るときの素材や手法が簡潔に書かれています。

●●のバリエーション

作り方のバリエーションを3種類紹介しています。おおまかな年齢に分けてあるので、子どもといっしょの壁面作りや、製作遊びネタとして楽しむこともできます。

作り方のポイント！ は製作中の指導のポイントや作り方のポイントをまとめて紹介しています。

			作り方	バリエーション
	はじめに		1	
	本書の特長／本書の見方		2	

秋

		定番アイテム	作り方	バリエーション
収穫	リンゴいっぱいうれしいね	リンゴ	6	7
収穫	秋の田んぼ	カカシ／イネ	8	9
収穫	ブドウ狩り楽しいね	ブドウ	10	11
収穫	ブドウ農園	ブドウ	12	13
自然	きせかえ♪　トンボのメガネ	トンボ	14	15
自然	コスモスのお花畑で	コスモス	16	17
お月見	お月見列車でGO！	だんご	18	19
運動会	ウサギとカメの運動会	子ども	20	21
収穫	みんなでイモ掘り大会	サツマイモ	22	23
遠足	ほっこり♪　サファリパーク	動物	24	25
遠足	ゴーゴーゴー！マツボックリ＆ドングリ拾い	ドングリ／マツボックリ	26	27
自然	ドングリのオシャレ帽子	ドングリ	28	29
自然	パチパチ弾けろ！　クリぼうやたち	クリ	30	31
自然	ウサギのキノコ狩り	キノコ	32	33
自然	ミノムシくんとぶ〜らぶら	ミノムシ	34	35
自然	野原のかくれんぼう	落ち葉の動物	36	37
自然	落ち葉の下で見〜つけた！	落ち葉	38	39
発表会	はら太鼓でポンポコポン	でんでん太鼓／楽器	40	41

冬

		定番アイテム	作り方	バリエーション
クリスマス	プレゼントの中身はなぁに？	プレゼント	42	43
クリスマス	みんなで楽しくツリーを飾ろう！	オーナメント	44	45
クリスマス	みんなの特大ツリー	ツリー	46	47

		定番アイテム	作り方	バリエーション
クリスマス	サンタの国のポケットツリー	ツリー	48	49
クリスマス	ケーキがたくさん！ おいしそう♪	ケーキ/ケーキの共同壁面	50	51
お正月	十二支オールスターズ	干支の動物	52	53
お正月	オシャレ模様☆だるま	だるま	54	55
お正月	書き初めふう和風だこ	たこ	56	57
節分	鬼にへんし〜ん☆	鬼	58	59
節分	決戦!! 鬼が島	鬼	60	61
節分	鬼さんと縄跳びピョ〜ン	鬼	62	63
戸外遊び	あったか帽子うれしいね	帽子	64	65
戸外遊び	冬を駆けろ！ ボーダー＆スキーヤー	スノーボーダー	66	67
戸外遊び	なが〜い雪だるま	雪だるま	68	69

		定番アイテム	作り方	バリエーション
早春				
自然	ウメの下でひなたぼっこ	ウメの花	70	71
ひな祭り	モモにちょこん♪ ひな人形	おひなさま	72	73
ひな祭り	クルクルおひなさま	おひなさま	74	75
ひな祭り	竹からにっこりプチひな人形	おひなさま	76	77
自然	トントントン春ですよ〜！	冬眠明け動物	78	79
自然	サラサラ春の小川	小川の動物	80	81
自然	ふ〜わふわタンポポ	タンポポ	82	83
自然	ナノハナ畑でなにして遊ぼ♪	ナノハナ	84	85
卒園	いろんなこと、あったね！	額縁	86	87
卒園	卒園おめでとう！	花束	88	89
卒園	こんなことできるようになったよ	シャボン玉	90	91
卒園	はばたけ！ 子どもチョウチョウ	チョウチョウ/空飛ぶ○○	92	93

付録	壁面を子どもと楽しく作ってみよう！		94
付録	年齢別 製作活動を楽しくするコツ		96
型紙	お手軽♥型紙集		97

リンゴいっぱいうれしいね

秋 収穫

動物たちが、カゴいっぱいにとれたリンゴの収穫をお祝いします！ 丸いリンゴは綿をカラーポリ袋で包んで立体的に作っています。どのリンゴも表情豊かでとってもおいしそうですね♪

型紙▶97ページ　製作▶うえはらかずよ

素材　色画用紙・カラーポリ袋・綿・厚紙

リンゴ の作り方

カラーポリ袋で包む

包む / 綿 / はる / 厚紙 / カラーポリ袋 / はる / 色画用紙 / 油性フェルトペンで描く

おいしそう！

🌸 折り紙で包む　素材：色画用紙・折り紙・新聞紙・丸シール　3歳児くらい

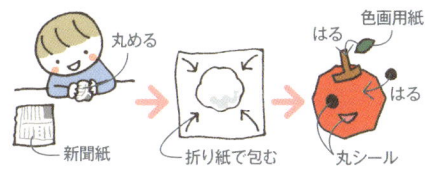

作り方のポイント！

くしゃっと丸める感触を楽しもう
新聞紙を丸めて折り紙で包みます。目と口は丸シールでできているので、とっても簡単！

🌸 ゼリー容器に詰める　素材：色画用紙・ゼリー容器・フラワーペーパー　4歳児くらい

作り方のポイント！

中身が透けてかわいい
ゼリー容器は中身が透けるので、中にフラワーペーパーを入れれば、優しい色合いのリンゴに！

🌸 色画用紙を重ねてはる　素材：色画用紙　5歳児くらい

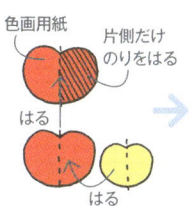

作り方のポイント！

表情の変化を楽しもう
めくると表情の変わるリンゴに子どもたちも大喜び。表情に変化をつけると楽しさが倍増します。

秋の田んぼ
収穫

いつも食べているお米、どうやってできているのかな？ 写真を見たりお話をしたりしながら作ってみるのもいいですね。オマケでカカシを作るのも楽しそう。 **型紙▶98ページ 製作▶藤江真紀子**

素材 色画用紙・和紙・折り紙・プチプチシート・割りばし・輪ゴム

カカシ の作り方

🌸 **和紙でにじみ絵**

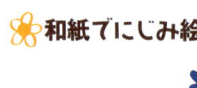

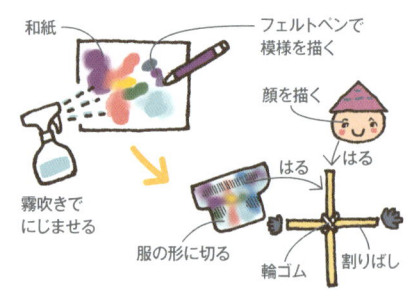

イネ のバリエーション

秋 収穫 / イネ

🌼 指スタンプの模様 素材 色画用紙・割りばし　3歳児 くらい

指スタンプをする / 絵の具 / はる / 色画用紙 / 割りばし

作り方のポイント!
絵の具を指でベタベタつけて
絵の具は薄めすぎないのがポイント。指の腹を使ってゆっくり押すと、きれいな模様が出ます。

🌼 プチプチシートを塗る 素材 色画用紙・プチプチシート・割りばし　4歳児 くらい

プチプチシート / はる / 油性フェルトペンで塗る / 色画用紙 / はる

作り方のポイント!
感触を楽しみながら塗ろう
プチプチシートは表面がボコボコしているので、ふだんとは違う感触を楽しみながら色が塗れますね。

🌼 折り紙で輪つなぎ 素材 色画用紙・折り紙・割りばし　5歳児 くらい

セロハンテープで留める / 輪を自由につないでいく / 細長く切った折り紙 / 割りばし / 色画用紙

作り方のポイント!
たくさんつなげて豊作に
折り紙を自由につなげて稲穂を作ります。2種類の折り紙を組み合わせると、色の違いを楽しめます。

秋 収穫

ブドウ狩り楽しいね

今日は秋の遠足！　動物たちのブドウ狩りです。ブドウの土台の四角すいは色画用紙を4回折るだけ！　プチプチシートやフラワーペーパーでできたふっくらと丸い実と、クラフト紙をねじったブドウ棚は簡単なので子どもたちにも作れますね。　型紙▶98ページ　製作▶むかいえり

素材　色画用紙・プチプチシート・フラワーペーパー・モール・クラフト紙

ブドウ の作り方

🌼 **プチプチシートをはる**

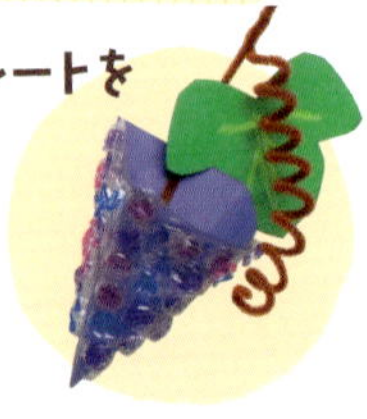

🌼 **フラワーペーパーを丸める**

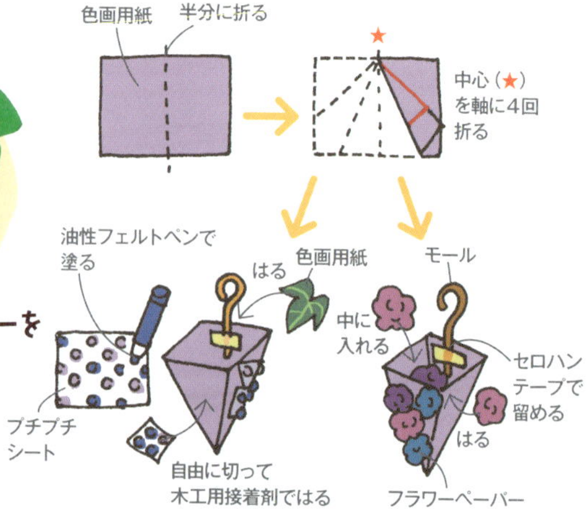

色画用紙　半分に折る　→　中心（★）を軸に4回折る

油性フェルトペンで塗る　→　はる　色画用紙　モール　中に入れる　セロハンテープで留める　はる　フラワーペーパー　プチプチシート　自由に切って木工用接着剤ではる

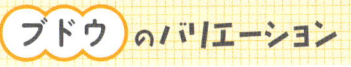 のバリエーション

年齢別 子どもと作れる壁面・月の製作アイディア

秋 収穫 ブドウ

🌸 ひもを通す　素材 色画用紙・厚紙・モール　3歳児くらい

 ひもにドンドン通していこう
パンチであけた穴にひとつずつ色画用紙の実を通してカラフルブドウに。通す実の素材を変えてもOK。

🌸 色画用紙をはり合わせ　素材 色画用紙・モール　4歳児くらい

 ふっくり丸みを持たせたはり方がポイント
色画用紙を細長く切ることで、ブドウの実を描く楽しさと、つなげる楽しさを両方味わうことができます。

🌸 和紙でにじみ絵　素材 色画用紙・和紙・モール・新聞紙　5歳児くらい

 ふっくら和風テイストに
いろいろな色でブドウを描いて、ふんわりとにじませます。最後は新聞紙を包んでふっくらとさせましょう。

ブドウ農園

秋 収穫

秋の味覚、ブドウ狩りにオオカミ農園へ行ってきま〜す♪ まずはハサミでブドウの形を切っていきましょう。丸い粒は、毛糸を指にぐるぐる巻いて表現しています。たわわに実った、おいしいブドウを作ってね！

型紙▶99ページ　製作▶くるみれな

素材　色画用紙・モール・毛糸・カラー片段ボール

ブドウ の作り方

毛糸を丸める

指先に毛糸を巻く

モール
裏にはる
はる
色画用紙
木工用接着剤

 ブドウ のバリエーション

 年齢別 子どもと作れる壁面・月の製作アイディア
子どもたちと作ろう

🌼 色画用紙にたんぽ　素材 色画用紙・モール　3歳児くらい

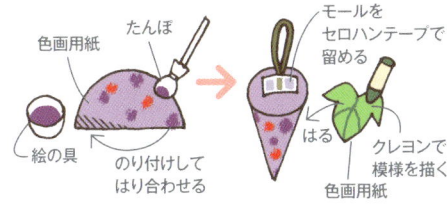

> **作り方のポイント！**
> **好きな色でポンポン押そう**
> 色画用紙を広げた状態でたんぽを押すので押しやすい！　色を2色使うと鮮やかなしあがりになりますね。

🌼 折り紙で輪つなぎ　素材 色画用紙・折り紙・モール　4歳児くらい

> **作り方のポイント！**
> **丸みをもたせたはり方がポイント**
> 輪をどうつなげるかがポイント。どんなつなげ方をしても子どもたちの自由です。

🌼 色画用紙の円柱をつなげる　素材 色画用紙・モール　5歳児くらい

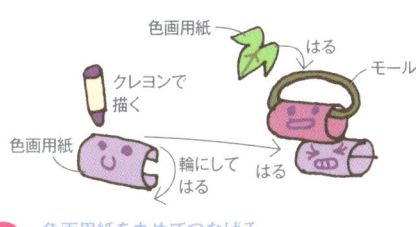

> **作り方のポイント！**
> **色画用紙を丸めてつなげる**
> ブドウの形を想像しながらつなげましょう。ブドウの表情も、さまざまなものが描けるといいですね。

秋 収穫

ブドウ

13

きせかえ♪ トンボのメガネ

秋 自然

秋の大空を飛ぶトンボのメガネには、いったい何が映ったのでしょう？ 歌を導入にするなどして、自由に描いてみましょう。もう1種類、マーブリングタイプのものもご紹介。トンボは麻ひもに通し、動かせるようにすることで楽しさをプラスしています。　**型紙▶** 100ページ　**製作▶** 秋山理香

素材 色画用紙・クリアフォルダー・和紙・新聞紙・麻ひも

トンボの作り方

透けるメガネ

- 自由に切る → クリアフォルダー
- 油性フェルトペンで模様を描く
- セロハンテープで留める
- 差し込む
- 切り込み
- クリアフォルダー → 新聞紙を巻く

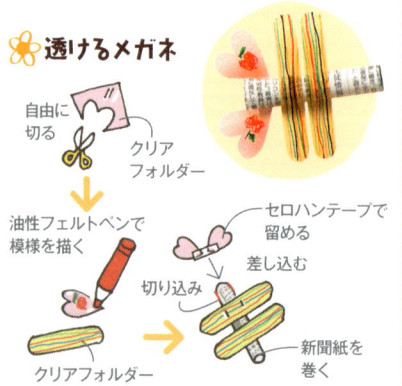

和紙をマーブリング

- 竹ぐしでそっと混ぜ模様を付ける
- マーブリング（彩液）
- 水を張ったトレイ
- 和紙
- 中にひたす
- 切る
- はる
- 色画用紙を巻く

 のバリエーション 　　年齢別 子どもと作れる壁面・月の製作アイディア
子どもたちと作ろう

秋／自然／トンボ

🌸 包装紙を巻く　[素材] 色画用紙・包装紙・オーロラシート　（3歳児くらい）

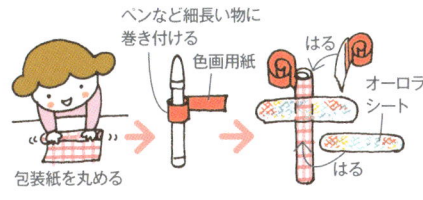

作り方のポイント！ 細長い物にクルクル巻き付けよう
細長く切った色画用紙をペンなどに巻き付けてあとを付ければ、クルクルトンボのメガネに大変身！

🌸 洗剤スプーンをアレンジ　[素材] 画用紙・和紙・洗剤スプーン　（4歳児くらい）

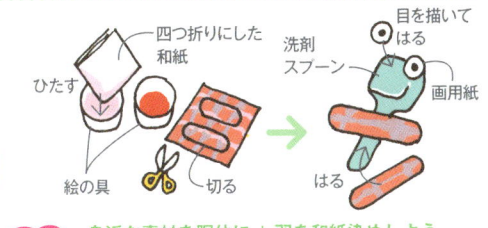

作り方のポイント！ 身近な素材を胴体に＋羽を和紙染めしよう
洗剤スプーンを使うアイディアが斬新！ 羽は優しい印象の和紙染めでふんわり作ります。

🌸 スポンジで色付け　[素材] 色画用紙・画用紙・ストロー　（5歳児くらい）

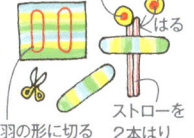

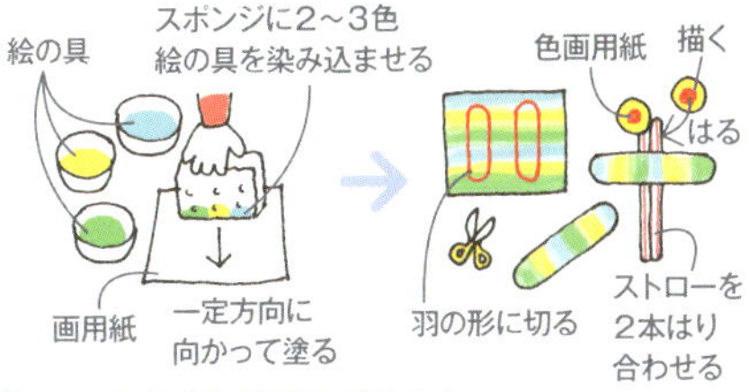

作り方のポイント！ 一定方向に模様を付けよう
スポンジに何色か絵の具を付けるのがポイント。羽を切るときは、色が混ざり合う方向に切りましょう。

15

コスモスのお花畑で

秋 自然

お弁当のしきりに使うカップに切り込みを入れてコスモスにします。シールに顔を描いてはり付けたら、かわいらしいコスモスちゃんになりますね。

型紙▶101ページ　製作▶藤江真紀子

素材　色画用紙・お弁当カップ・フラワーペーパー・丸シール

コスモス の作り方

🌼 **お弁当カップに切り込み**

お弁当カップ　丸シール　油性フェルトペンで描く
はる
はる
切り込みを入れる

●コスモスの葉っぱは絵の具をたらして、ストローで勢いよく吹くと動きのある葉っぱが作れます。
●つぼみはフラワーペーパーを丸めてはります。

コスモス のバリエーション

子どもたちと作ろう

秋 / 自然 / コスモス

🌸 指で花びらを描く　素材 画用紙・丸シール　3歳児 くらい

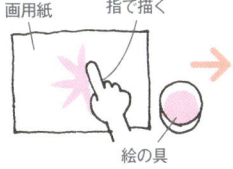

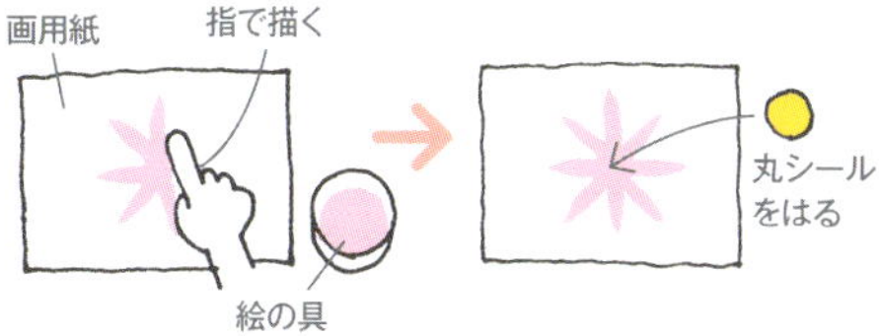

作り方のポイント！

かすれぐあいに個性が光る
指に絵の具を付けて花びらを描きます。かすれたり、太さが変わったり、子どもたちの個性が輝きます。

🌸 スズランテープを裂く　素材 スズランテープ・モール・丸シール　4歳児 くらい

作り方のポイント！

裂いて花びらを増やそう
スズランテープをたくさん裂けば、ふさふさの花びらに。大きさの違う花を並べるとにぎやかになります。

🌸 和紙染めを階段折り　素材 色画用紙・和紙　5歳児 くらい

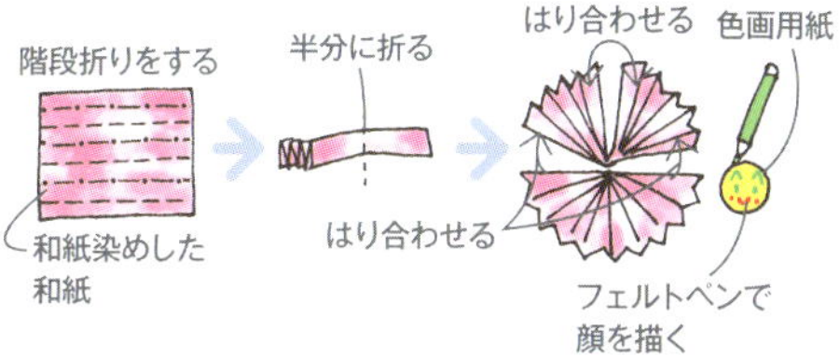

階段折りをする／和紙染めした和紙／半分に折る／はり合わせる／はり合わせる／色画用紙／フェルトペンで顔を描く

作り方のポイント！

階段折りを組み合わせて花びらに
染めた和紙はしっかり乾かして階段折りに。2つ重ねて開いた大きな花に、子どもたちは大喜び！

お月見列車でGO!

十五夜、タヌキの貨物列車は、だんごを乗せてお月様へ向かいます。だんごひとつは簡単に作れるので、たくさん積み重ねる子や並べる子など、いろいろな製作姿が見られそうですね。

型紙▶ **101**ページ　製作▶むかいえり

素材 色画用紙・画用紙・折り紙・カラーポリ袋・綿・ストロー

だんご の作り方

✿ 輪っかを積み重ねる

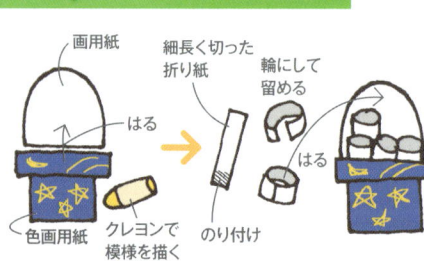

- 月は綿をカラーポリ袋で包みます。
- ススキは折り紙を階段折りし、ストローにはります。

のバリエーション

秋 お月見　だんご

🌸 粘土スタンプ　素材　色画用紙・粘土　　3歳児くらい

 丸めた粘土でペタペタスタンプ
粘土でだんごを作るのではなく、なんとそれをスタンプに！　さまざまな形や重ね方を工夫できますね。

🌼 レジ袋に包む　素材　色画用紙・画用紙・段ボール・レジ袋・新聞紙　　4歳児くらい

  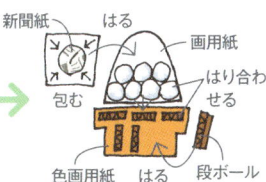

 白いツルツルだんご
好きな大きさに切ったレジ袋に包むので、大きさもさまざま。個性豊かなだんごになります。

🌸 はじき絵のだんご　素材　色画用紙・画用紙　　5歳児くらい

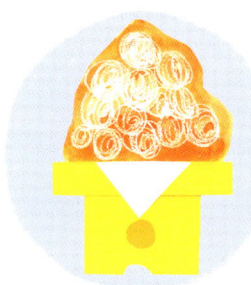   

 浮かび上がるだんごを楽しもう
画用紙に白クレヨンでだんごを描いて上から絵の具を塗ると、魔法のようにだんごが浮かび上がります！

ウサギとカメの運動会

秋 運動会

ウサギ＆カメ主催の運動会に特別ゲストで参加しちゃう"自分"ペープサートを作ってゴールまでみんなでかけっこ競走！ 運動会の意欲づけにぴったりの壁面です。　型紙▶102ページ　製作▶藤沢しのぶ

素材 色画用紙・画用紙・カラー片段ボール・段ボール・つまようじ

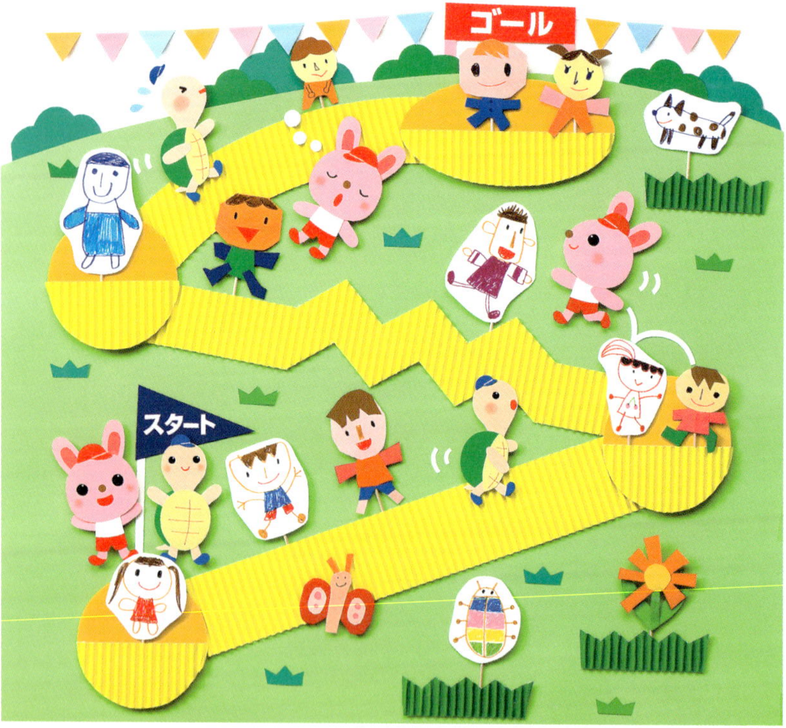

子どもの作り方

🌸 移動可能のペープサート

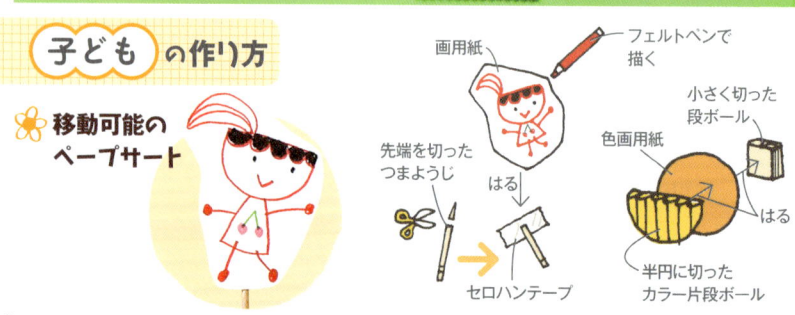

画用紙／フェルトペンで描く／はる／先端を切ったつまようじ／セロハンテープ／小さく切った段ボール／色画用紙／はる／半円に切ったカラー片段ボール

子どものバリエーション

年齢別 子どもと作れる壁面・月の製作アイディア
子どもたちと作ろう

秋 運動会 子ども

厚紙スタンプ　素材 色画用紙・厚紙　3歳児くらい

厚紙で円柱や三角柱のスタンプ土台を作る／セロハンテープで留める／色画用紙／絵の具／スタンプをする／自由にポーズを取るよう折り曲げる

作り方のポイント！ 服の模様をスタンプで
円や三角など、形を選んで自由に服にスタンプ。手足を折り曲げて好きなポーズを決めよう！

階段折りの手足　素材 色画用紙　4歳児くらい

細長く切った色画用紙／折り畳んでいく／色画用紙／はる

作り方のポイント！ 伸び縮みする手足で動きを
階段折りを組み合わせて、伸縮性のある手足に。長さを調節してさまざまな動きを楽しみましょう。

輪ゴムを引っ掛ける　素材 色画用紙・包装紙・割りばし・輪ゴム・カラーせいさく紙　5歳児くらい

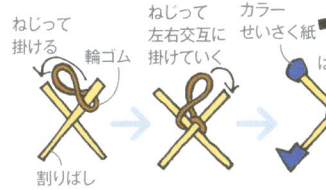

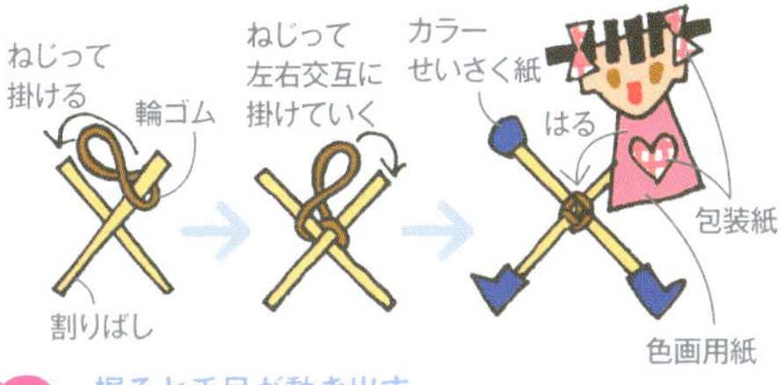

割りばし／ねじって掛ける／輪ゴム／ねじって左右交互に掛けていく／カラーせいさく紙／はる／包装紙／色画用紙

作り方のポイント！ 握ると手足が動き出す
割りばしを2本重ねて輪ゴムで留める簡単なしかけです。握手するように握って動かして遊びましょう。

みんなでイモ掘り大会

動物たちが協力し合って「うんとこしょ！ どっこいしょ！」何個おイモがとれたかな？ ツルを長く作っているので、クラス全員のおイモを飾ることができます。型紙▶103ページ 製作▶大橋文男

素材 色画用紙・折り紙・ひも

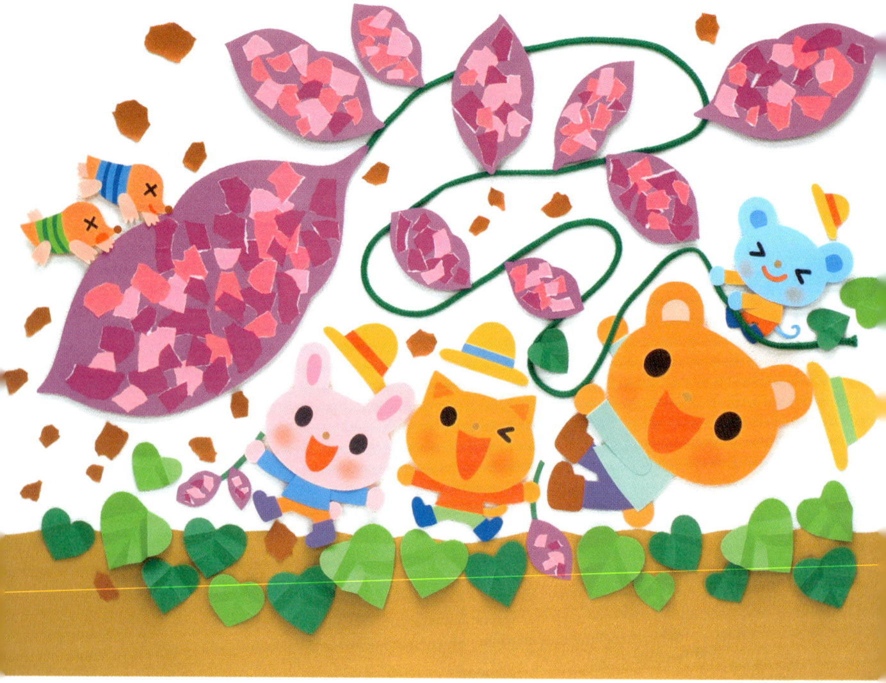

サツマイモ の作り方

折り紙のちぎり絵

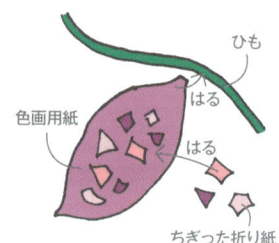

サツマイモ のバリエーション

年齢別 子どもと作れる壁面・月の製作アイディア
子どもたちと作ろう

秋 収穫 / サツマイモ

🌸 紙コップをつなげる　[素材] 色画用紙・折り紙・ひも・紙コップ　（3歳児くらい）

作り方のポイント! **ちぎってはって立体おイモ**
紙コップを2つ重ねて立体的に。いろいろな折り紙を組み合わせてはるとしあがりがきれいになります。

🌸 カラーポリ袋で包む　[素材] 色画用紙・カラーポリ袋・綿　（4歳児くらい）

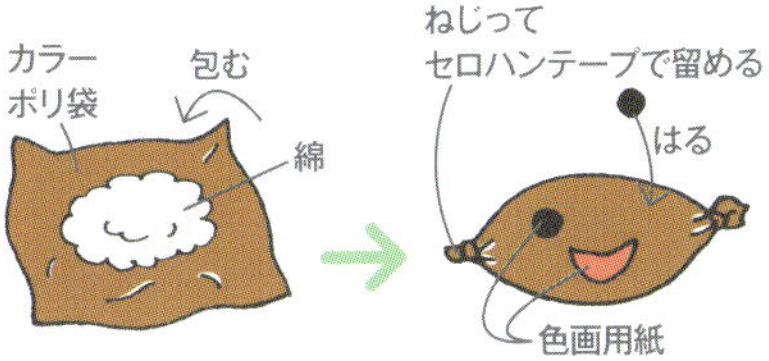

作り方のポイント! **カラーポリ袋でツルツルおイモ**
綿の量によって形や大きさが変わるので、ふっくらしたりほっそりしたりと自分だけのおイモに。

🌸 色画用紙をもんで包む　[素材] 色画用紙・新聞紙・ひも　（5歳児くらい）

作り方のポイント! **くしゃくしゃの感触を楽しもう**
新聞紙や色画用紙をくしゃくしゃに丸めてもむことを十分に楽しめるよう、素材は多めに用意しましょう。

23

ほっこり♪ サファリパーク

秋のサファリパークでは、動物たちも毛糸を着ていて温かそう。毛糸を丸めたり、しましまにして模様を作るなど、アイディアしだいでいろいろな動物が作れますね。　型紙▶104ページ　製作▶くるみれな

素材　色画用紙・画用紙・毛糸

動物 の作り方

🌸 毛糸を巻く

〈ライオン〉

〈シマウマ・トラ〉

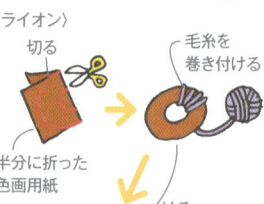

🌸 毛糸を丸める

動物 のバリエーション

年齢別 子どもと作れる壁面・月の製作アイディア
子どもたちと作ろう

秋 / 遠足 / 動物

🌸 手形スタンプ　[素材] 色画用紙　　3歳児くらい

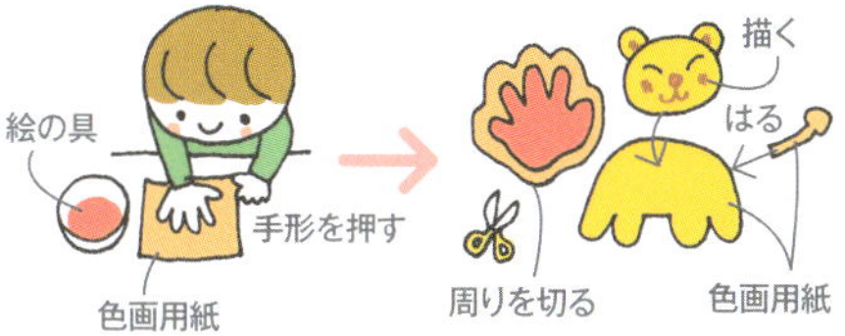

絵の具 → 手形を押す（色画用紙） → 周りを切る → はる・描く（色画用紙）

作り方のポイント！
手形がたてがみに大変身！
手を大きく広げてスタンプすると、ダイナミックで躍動感のあるたてがみが作れます。

🌸 階段折りでパーツを作る　[素材] 色画用紙　　4歳児くらい

細長く切った色画用紙 → 階段折りする（色画用紙）はる → はる・顔を描く・はる

作り方のポイント！
伸びるパーツでいろいろな動物を
階段折りのパーツはゾウの鼻のほかにも、キリンの首やウサギの耳などにもアレンジできますね。

🌸 空き箱を重ねる　[素材] 色画用紙・お菓子などの空き箱・トイレットペーパーの芯・折り紙　　5歳児くらい

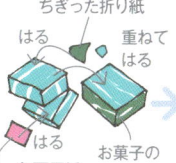

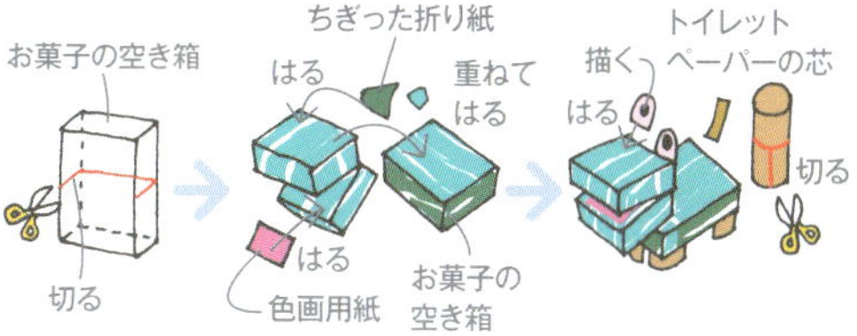

お菓子の空き箱 → 切る・はる → ちぎった折り紙・重ねてはる・はる・色画用紙・お菓子の空き箱 → トイレットペーパーの芯・描く・はる・切る

作り方のポイント！
ちぎり絵で装飾
空き箱を組み合わせると口になったり、体になったり大変身。ちぎり絵で体を装飾するのも楽しい！

25

秋 遠足

ゴーゴーゴー！マツボックリ&ドングリ拾い

今日は待ちに待った秋の遠足！ 色画用紙の筒を切ってニョキニョキ伸ばして作るマツボックリや、ペットボトルのふたを帽子にした毛糸のドングリを拾いに、さあレッツゴー！ 型紙▶104ページ 製作▶秋山理香

素材 色画用紙・新聞紙・ペットボトルのふた・毛糸

ドングリ・マツボックリ の作り方

🌼 毛糸を巻いてふたを被せるドングリ

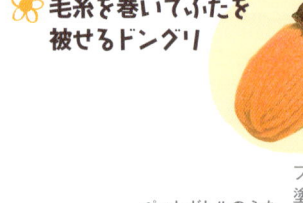

フェルトペンで塗る
ペットボトルのふた

新聞紙を巻く → 毛糸を巻く → 木工用接着剤ではる

🌼 色画用紙を引っぱって作るマツボックリ

色画用紙を巻く
セロハンテープで留める
先端をつまんで引っぱる

切り込みを入れる → 折り曲げる

マツボックリ のバリエーション

年齢別 子どもと作れる壁面・月の製作アイディア
子どもたちと作ろう

秋 遠足

マツボックリ

🌸 ぼこぼこ素材でフロッタージュ

素材 コピー用紙・床や廊下、段ボールなど こすり出して模様の出る場所や物　**3歳児** くらい

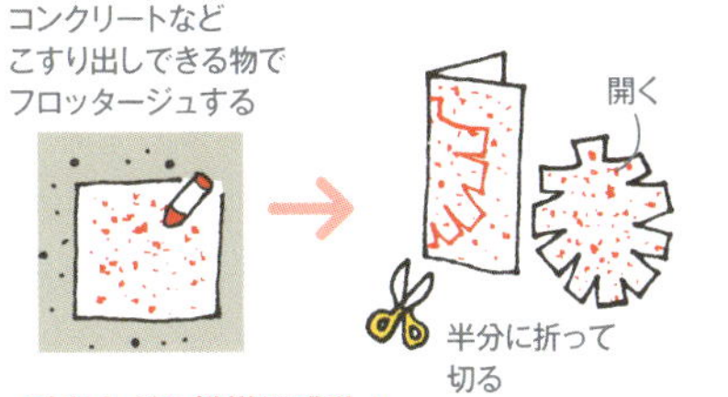

コンクリートなど こすり出しできる物で フロッタージュする → 半分に折って切る → 開く

作り方のポイント！
浮き上がる模様に感動！
質感の違うさまざまな素材の上でこすり出しをしましょう。戸外で素材探しをしても楽しいですね。

🌸 色画用紙を丸める

素材 色画用紙　**4歳児** くらい

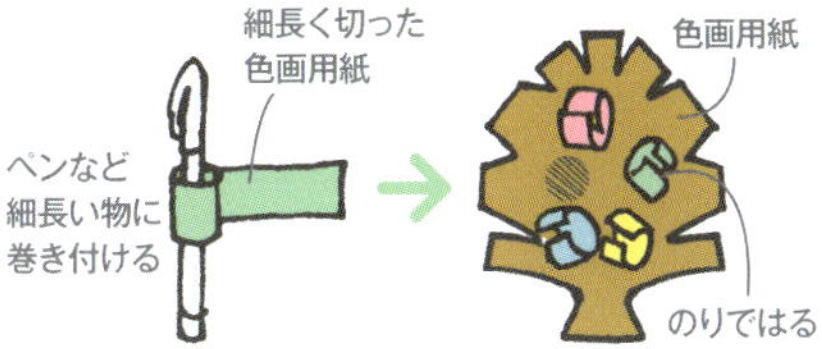

ペンなど細長い物に巻き付ける　細長く切った色画用紙 → のりではる　色画用紙

作り方のポイント！
クルンと丸めて立体感を出そう！
色画用紙をクルンと丸めてはることで立体感が出て、よりマツボックリらしい作品にしあがります。

🌸 トイレットペーパー芯を重ねる

素材 トイレットペーパー芯　**5歳児** くらい

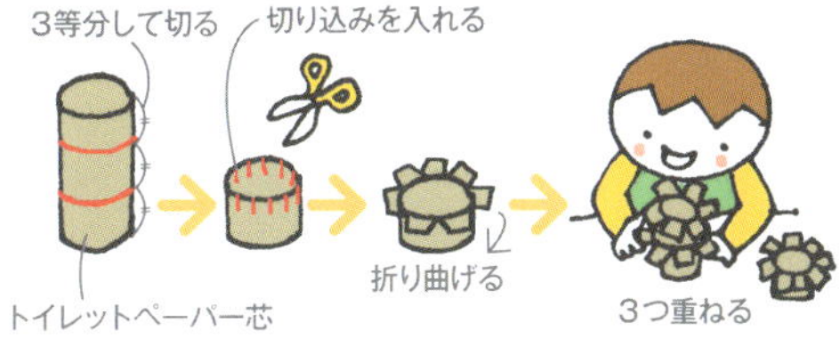

3等分して切る → 切り込みを入れる → 折り曲げる → 3つ重ねる
トイレットペーパー芯

作り方のポイント！
重ねてつなげて楽しめる
トイレットペーパー芯に切り込みを入れて重ねます。同じ形なので、重ねやすいですね。

27

ドングリのオシャレ帽子

秋 自然

ステキな山の音楽会に、ドングリさんも大喜び♪ ドングリの帽子は、段ボールの切り込みに毛糸を引っ掛けるだけ。模様作りがお手軽に楽しめます。飾るときは、木の切り込みにつるせば自由に移動できますね。

型紙▶ 105ページ　製作▶ くるみれな

素材 色画用紙・段ボール・毛糸・広告紙

ドングリ の作り方

毛糸を引っ掛ける

切り込みを入れる　段ボール

切り込みに毛糸を引っ掛ける

毛糸　セロハンテープで裏に留める

木工用接着剤ではる　色画用紙　フェルトペンで描く

28

ドングリ のバリエーション

年齢別 子どもと作れる壁面・月の製作アイディア
子どもたちと作ろう

秋 / 自然 / ドングリ

🌸 毛糸を巻く
素材 折り紙・トイレットペーパー芯・毛糸　　**3歳児**くらい

切る / トイレットペーパー芯 / セロハンテープ / 毛糸 / はる / 折り紙を巻く / フェルトペンで描く / 毛糸を巻く

作り方のポイント！ たくさん巻いてカラフルに
巻くという作業は、指先の発達に役だちます。毛糸をたくさん用意して、カラフルに作りましょう。

🍀 折り紙を折る
素材 折り紙・毛糸　　**4歳児**くらい

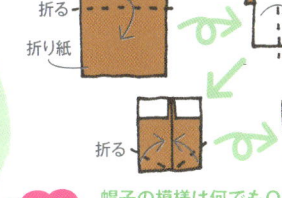

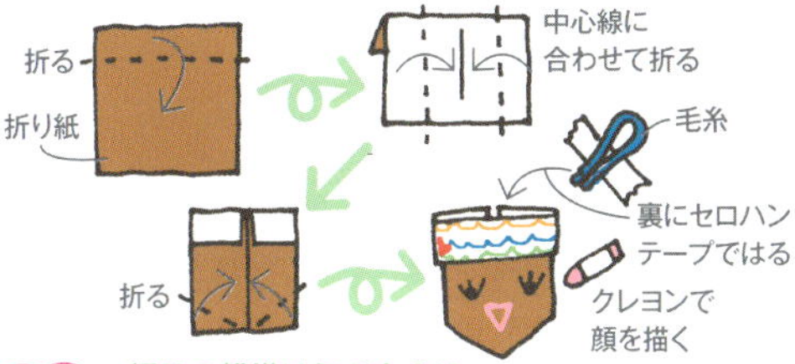

折る / 折り紙 / 中心線に合わせて折る / 毛糸 / 裏にセロハンテープではる / 折る / クレヨンで顔を描く

作り方のポイント！ 帽子の模様は何でもOK
ドングリの帽子は、描いてもシールをはってもいいですね。自分だけのオリジナル帽子を作りましょう。

🌼 落ち葉をはる
素材 色画用紙・毛糸・落ち葉（イチョウ　など）　　**5歳児**くらい

はる / 落ち葉（イチョウなど） / 毛糸　裏にセロハンテープではる / 色画用紙 / 階段折りした色画用紙 / はる / 交互に折る / 色画用紙

作り方のポイント！ 模様作りを楽しもう
いろいろな落ち葉を組み合わせて帽子の模様を作ります。落ち葉拾いをしてから製作してもいいですね。

パチパチ弾けろ！ クリぼうやたち

秋 自然

パパグリとママグリに見守られて、クリぼうやたちが紙コップのお部屋から顔をのぞかせていますよ。新聞紙を不織布で包んだぼうやたち。仲よしさんのふたりの部屋もあるみたい。

型紙▶ 106ページ　製作▶イケダヒロコ

素材▶ 色画用紙・紙コップ・折り紙・モール・不織布・新聞紙

クリ の作り方

不織布で包む

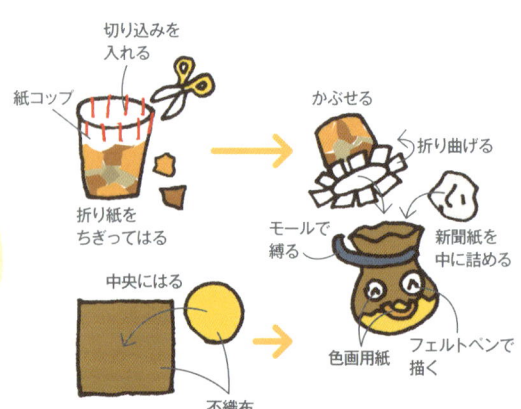

クリ のバリエーション

 子どもと作れる壁面・月の製作アイディア
子どもたちと作ろう

秋 / 自然 / クリ

🌸 麻ひもをポンポンにする　[素材] 色画用紙・麻ひも　〈3歳児〉くらい

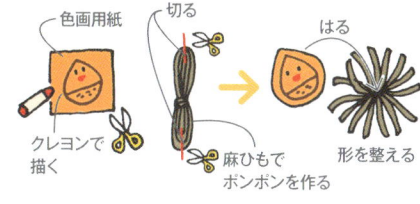

色画用紙／切る／はる／クレヨンで描く／麻ひもでポンポンを作る／形を整える

作り方のポイント！ 長さを調節してイガの大きさを変えよう！
麻ひもは、長さを調節すればひとつのイガに何個もクリをはることができます。

🌸 紙皿に切り込み　[素材] 画用紙・紙皿　〈4歳児〉くらい

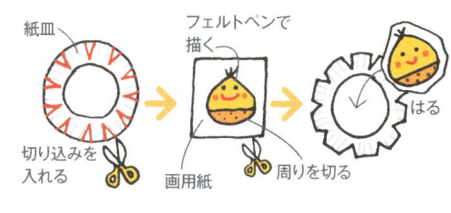

紙皿／フェルトペンで描く／はる／切り込みを入れる／画用紙／周りを切る

作り方のポイント！ ダイナミックにクリを描く
画用紙にクリを描いて紙皿のイガにはり付けます。大きく描けば元気いっぱいなクリのできあがり！

🌸 色画用紙をめくる　[素材] 色画用紙・牛乳パック　〈5歳児〉くらい

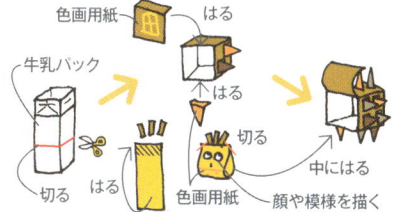

色画用紙／はる／牛乳パック／はる／切る／色画用紙／切る／顔や模様を描く／中にはる

作り方のポイント！ イガをたくさんはり付けよう
牛乳パックの土台に自由にイガをはり付けトゲトゲイガに。めくるとクリが出てくるところがポイントです。

ウサギのキノコ狩り

秋 自然

カゴを背負って、今日は秋の味覚狩り♪ カラフルなキノコは、新聞紙で作ります。セロハンテープの芯を軸にすると簡単に形が作れて楽しさ倍増ですね。 型紙▶107ページ　製作▶むかいえり

素材　色画用紙・新聞紙・セロハンテープの芯・丸シール・押しピン

キノコ の作り方

🌼 絵の具で新聞紙を塗る

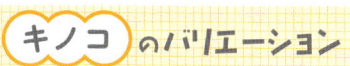  

キノコのバリエーション
年齢別 子どもと作れる壁面・月の製作アイディア
子どもたちと作ろう

秋／自然／キノコ

模様を指スタンプ　素材：色画用紙　3歳児くらい

作り方のポイント！ 絵の具は水の量がポイント
水を少なめにして絵の具を作るときれいに指スタンプの模様が出ます。3色くらい用意するとカラフルに。

丸シールで模様を付ける　素材：色画用紙・封筒・丸シール　4歳児くらい

 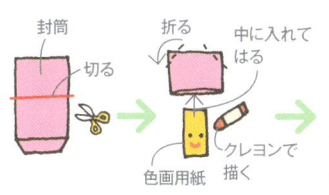 

作り方のポイント！ 帽子をきせかえて遊ぶ
封筒の帽子は取り外しが可能なので、友達と交換して楽しんでもいいですね。

トイレットペーパー芯で立体的に　素材：色画用紙・画用紙・トイレットペーパー芯・モール　5歳児くらい

 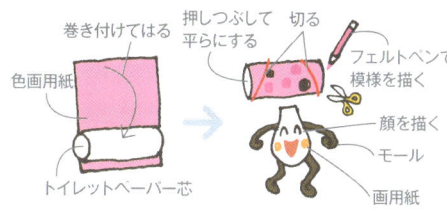

作り方のポイント！ モールで動きを付けよう！
手足がモールでできているので、曲げたりねじったりすることで動きのある作品が作れます。

33

ミノムシくんとぶーらぶら

秋 / 自然

いろんな服を着たミノムシがいっぱい！ トイレットペーパー芯をコロコロ転がして楽しく作れるミノムシくんです。

型紙▶108ページ　製作▶くるみれな

素材 色画用紙・折り紙・トイレットペーパー芯・新聞紙・毛糸 モール・マジックロープ・発泡ボール・布・ラップ芯・ビーズ

ミノムシ の作り方

コロコロ転がしてはる

ミノムシ のバリエーション

年齢別 子どもと作れる壁面・月の製作アイディア
子どもたちと作ろう

秋 自然 / ミノムシ

🌸 手形を押す　素材：色画用紙　　3歳児 くらい

作り方のポイント！ 手形を重ねて押そう！
手の開きぐあいによって、ミノの形が変わるのが楽しいですね。顔も自分ではり合わせて個性が光る作品に。

🌸 封筒に紙テープをはる　素材：色画用紙・封筒・紙テープ・毛糸・コピー用紙などの紙　　4歳児 くらい

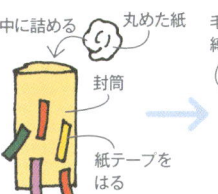

作り方のポイント！ 封筒に膨らみを持たせて
封筒に紙を詰めてふっくらとさせます。ミノは色を自由に組み合わせてカラフルに。

🌸 落ち葉をはる　素材：色画用紙・紙コップ・毛糸・落ち葉　　5歳児 くらい

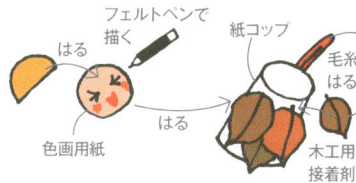

作り方のポイント！ 接着のポイントは木工用接着剤
木工用接着剤は乾くと透明になり目だたなくなるので、たっぷり付けて落ち葉をはりましょう。

野原のかくれんぼう

秋の野原はいろいろな生き物がいっぱい。「この葉っぱ、ウサギの耳みたいだね」などと、たくさんお話をしながら、拾ってきた葉っぱを見たてていきましょう。葉はセロハンテープで留めるので、子どもでも簡単！

型紙▶ 109ページ　　**製作▶** 藤沢しのぶ

素材 色画用紙・落ち葉

落ち葉の動物 の作り方

🌸 **落ち葉を見たてる**

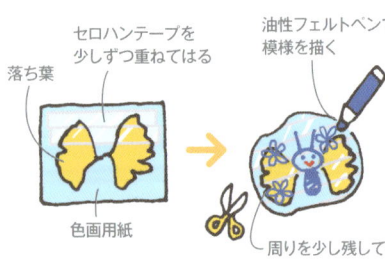

セロハンテープを少しずつ重ねてはる
落ち葉
色画用紙
油性フェルトペンで模様を描く
周りを少し残して切る

落ち葉の動物 のバリエーション

年齢別 子どもと作れる壁面・月の製作アイディア
子どもたちと作ろう

🌸 袋に集める

素材 色画用紙・ジップ付き袋・落ち葉・ドングリなど　**3歳児** くらい

- いっぱいあつまったー
- ジップ付き袋
- 落ち葉やドングリ拾いをする
- 色画用紙
- フェルトペンで顔を描く
- 中に入れる

作り方のポイント! 拾って集めて交換して楽しもう!
ジップ付きの袋なので、落ち葉などがこぼれず、自分だけの宝物に。落ち葉からのぞく動物がかわいい!

🌿 落ち葉のきせかえファッションショー

素材 色画用紙・落ち葉　**4歳児** くらい

- 描く
- はる
- 色画用紙
- 好きなところに落ち葉をはる

作り方のポイント! 世界でひとつのオリジナル洋服を作る
自分で拾った落ち葉を組み合わせて洋服を作ります。帽子やカバンに見たててもステキですね。

❄ 自然物でおうち作り

素材 色画用紙・厚紙・落ち葉や小枝などの自然物　**5歳児** くらい

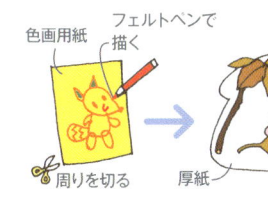

- 色画用紙
- フェルトペンで描く
- 周りを切る
- 厚紙
- 落ち葉や小枝
- はる

作り方のポイント! ごっこ遊びにも発展!
厚紙の土台に落ち葉や動物をはっておうちをコーディネイト。友達といっしょに作っても楽しめますね。

秋　自然

落ち葉の動物

秋
自然

落ち葉の下で見～つけた!

秋の野原で落ち葉拾い。あれれ? 何か隠れているよ! 落ち葉は、しわを付けた封筒や段ボールに硬めに溶いた絵の具を塗ると雰囲気が出ますね。

型紙▶ 109ページ　**製作▶** イケダヒロコ

素材 色画用紙・段ボール・封筒

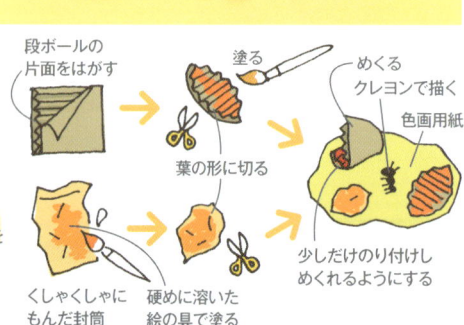

落ち葉 の作り方

🌼 **2つの素材で作る落ち葉**

段ボールをはがす
封筒をもむ

段ボールの片面をはがす
→ 葉の形に切る
→ 塗る
→ めくる　クレヨンで描く　色画用紙
→ 少しだけのり付けしめくれるようにする

くしゃくしゃにもんだ封筒
→ 硬めに溶いた絵の具で塗る

落ち葉 のバリエーション

年齢別 子どもと作れる壁面・月の製作アイディア
子どもたちと作ろう

秋 自然 / 落ち葉

🌸 葉脈をフロッタージュ　[素材] コピー用紙・落ち葉　（3歳児くらい）

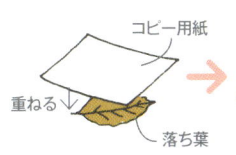

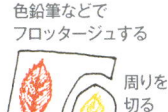

色鉛筆などでフロッタージュする
コピー用紙
重ねる
落ち葉
周りを切る

作り方のポイント！
細かい模様までこすり出しをしよう
コピー用紙に落ち葉を敷いて、色鉛筆でこすり出します。葉の形に合わせて切り取れば、本物そっくりに。

🌸 切り込みで模様を作る　[素材] 折り紙　（4歳児くらい）

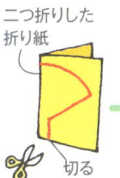

二つ折りした折り紙
自由に切り込みを入れる
切る
開く

作り方のポイント！
切り込みの形しだいで開くときの喜びが倍増
折り紙を半分に折って切り込みを入れるとステキな模様が。線対称に模様が入っておもしろいですね！

🌸 画用紙にブラッシング　[素材] 画用紙・ブラシ・網　（5歳児くらい）

ブラッシングする
網
ブラシ
画用紙
絵の具
葉の形に切る

作り方のポイント！
網から描くグラデーション
ブラシから飛び散る絵の具が鮮やかに葉っぱを彩ります。絵の具の色を混ぜてもきれいですね。

秋 発表会

はら太鼓でポンポコポン

でんでん太鼓のタヌキさんといっしょに合奏の発表会♪ 手にビーズをはっておくと、おなかの和紙にはじかれて、ポンポコポンと楽しい音が聞こえてきます。　型紙▶110ページ　製作▶藤江真紀子

素材　色画用紙・セロハンテープの芯・和紙・ビーズ・割りばし

でんでん太鼓の作り方

🌼 **和紙をピンと張って鳴らす**

和紙
包むようにはる
セロハンテープの芯
フェルトペンで模様を描く
はる
ビーズ
色画用紙
割りばし

ポンポン♪
振って遊びます

楽器 のバリエーション

年齢別 子どもと作れる壁面・月の製作アイディア
子どもたちと作ろう

秋 発表会 / 楽器

🌸 新聞紙を巻く

素材 色画用紙・新聞紙・ビニールテープ・スズランテープ・ひも

3歳児 くらい

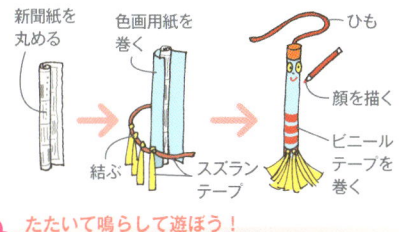

新聞紙を丸める → 色画用紙を巻く（結ぶ／スズランテープ）→ ひも／顔を描く／ビニールテープを巻く

作り方のポイント！ たたいて鳴らして遊ぼう！
巻いてスティック状にした新聞紙はたたき合わせるとコンコンと楽しい音が。首に掛けるとたたきやすい！

🌸 紙コップでハンドベル

素材 紙コップ・トイレットペーパー芯・包装紙・ビニールテープ・リボン・鈴

4歳児 くらい

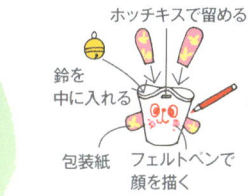

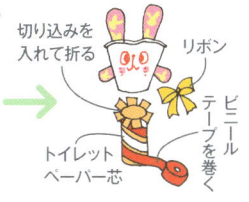

ホッチキスで留める／鈴を中に入れる／包装紙／フェルトペンで顔を描く → 切り込みを入れて折る／リボン／トイレットペーパー芯／ビニールテープを巻く

作り方のポイント！ 振って鳴らして遊ぼう！
ホッチキスで留めてあるので、シャカシャカ振っても鈴がこぼれません。心地の良い音色にウットリ！

🌸 輪ゴムを引っ掛ける

素材 色画用紙・プラスチックトレイ・輪ゴム・段ボール・リボン

5歳児 くらい

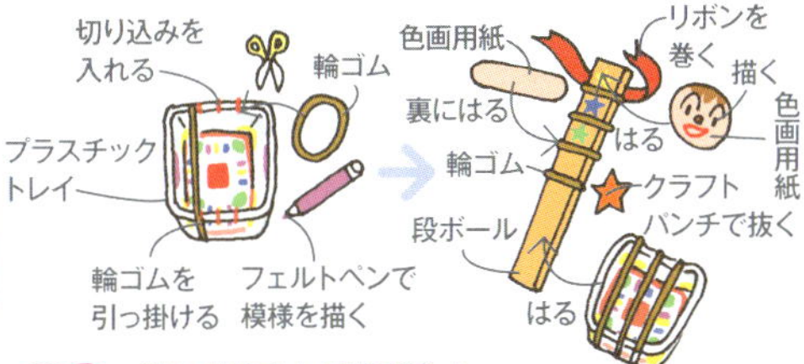

切り込みを入れる／輪ゴム／プラスチックトレイ／輪ゴムを引っ掛ける／フェルトペンで模様を描く → 色画用紙／裏にはる／はる／輪ゴム／段ボール／はる／リボンを巻く／描く／色画用紙／クラフトパンチで抜く

作り方のポイント！ 弾いて鳴らして遊ぼう！
ギターにはる顔を自画像にしてマイギターに。みんなで演奏し、ギタリスト気分を味わいましょう。

41

プレゼントの中身はなぁに？

冬 クリスマス

サンタさんに何をお願いしようかな？ 欲しい物を描いてプレゼントの中にはり付けます。箱の部分は包装紙やクラフトパンチを使って飾り付けましょう。　型紙▶110ページ　製作▶むかいえり

素材 色画用紙・画用紙・牛乳パック・包装紙・新聞紙・リボン

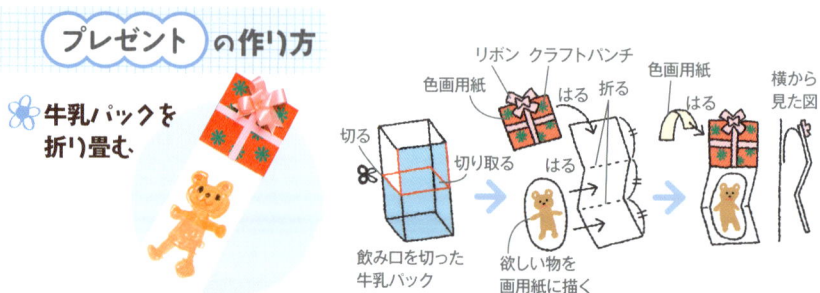

プレゼント の作り方

🌼 **牛乳パックを折り畳む**

切る → 飲み口を切った牛乳パック → 切り取る → 欲しい物を画用紙に描く → 色画用紙 リボン クラフトパンチ はる 折る はる → 色画用紙 はる → 横から見た図

プレゼントのバリエーション

年齢別 子どもと作れる壁面・月の製作アイディア
子どもたちと作ろう

冬 クリスマス / プレゼント

🌸 欲しい物をラッピング　[素材] 画用紙・ビニール袋・リボン　(3歳児くらい)

- クレヨンで欲しい物を描く → 画用紙
- 保育者がラッピングする → ビニール袋・リボン

作り方のポイント！
想像力を膨らませて
友達とお話しながら、クリスマスへの期待を込めて、欲しい物の絵が描けるといいですね。

🌸 階段折りで飛び出すプレゼント　[素材] 色画用紙・リボン・丸シール　(4歳児くらい)

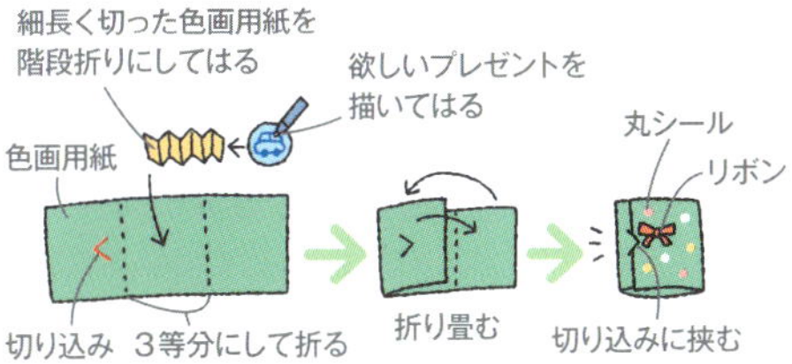

- 細長く切った色画用紙を階段折りにしてはる
- 欲しいプレゼントを描いてはる
- 色画用紙
- 切り込み　3等分にして折る → 折り畳む → 切り込みに挟む（丸シール・リボン）

作り方のポイント！
長めの色画用紙を用意しよう
開くとプレゼントが飛び出します。階段折りの色画用紙は、少し長めの物を用意しましょう。

🌸 ポップアップのプレゼント　[素材] 色画用紙・包装紙・毛糸　(5歳児くらい)

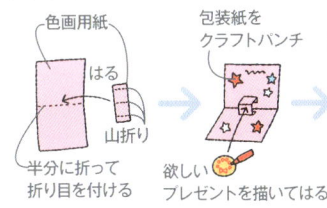

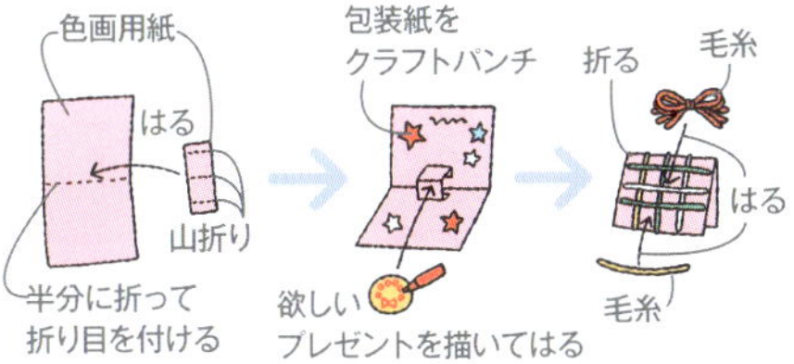

- 色画用紙
- はる
- 山折り
- 半分に折って折り目を付ける
- 包装紙をクラフトパンチ
- 欲しいプレゼントを描いてはる
- 折る
- 毛糸
- はる

作り方のポイント！
ポップアップで欲しい物をアピール
ポップアップからのぞくプレゼントにクリスマスへの期待が高まりますね。周りもかわいく装飾を。

冬 クリスマス

みんなで楽しくツリーを飾ろう!

アルミホイルで包んだベルに、子どもたちが思い思いの絵を描いて装飾をします。光が当たるとキラキラ光り、幻想的な雰囲気に。ツリーはスズランテープを3つ編みしています。　型紙▶111ページ　製作▶むかいえり

素材　色画用紙・アルミホイル・厚紙・スズランテープ・リボン・紙テープ・キラキラモール

オーナメント の作り方

アルミホイルでキラキラベル

アルミホイル → 厚紙
包んで裏をセロハンテープで留める

→ リボン／両面テープではる／フェルトペンで模様を描く

オーナメント のバリエーション

年齢別 子どもと作れる壁面・月の製作アイディア
子どもたちと作ろう

冬 クリスマス ／ オーナメント

🌸 ストローに毛糸を巻いて

素材 毛糸・ストロー　　**3歳児** くらい

毛糸 / 巻き付ける / ストロー

作り方のポイント！ ストローにクルクル巻き
ストローは細長く持ちやすいので、巻く練習にはピッタリ。ていねいに巻き付けましょう。

🌸 マツボックリにビーズで装飾

素材 折り紙・紙コップ・マツボックリ・毛糸・ビーズ　　**4歳児** くらい

毛糸を引っ掛けて留める / はる / ビーズ / 紙コップ / 折り紙をはる

作り方のポイント！ 細かい作業が指先の運動に
ビーズは小さいので誤飲に気をつけましょう。小さい素材をはることが指先の発達につながります。

🌸 巻いて包む

素材 トイレットペーパー芯・折り紙・モール・丸シール　　**5歳児** くらい

折り紙（1枚）／ トイレットペーパー芯 ／ 折り紙（1/2枚）／ 巻き付ける

余った部分をモールでしぼる ／ 折り紙 ／ 巻き付ける

モール ／ 折り紙 ／ はる ／ 丸シール

作り方のポイント！ 筒状の形を生かして
トイレットペーパー芯の長さを調節すると、帽子や顔の雰囲気が変わり、さまざまなサンタが作れます。

45

みんなの特大ツリー

冬 クリスマス

カラーポリ袋の簡単ツリー。同じ素材で飾り付ければ、透明感が出てとってもステキに。小窓に自分の顔を描いてはれば、作品を合体させても自分のツリーがすぐわかりますね。型紙▶ **112ページ** 製作▶くるみれな

素材 色画用紙・画用紙・折り紙・包装紙・カラーポリ袋
スズランテープ・厚紙・カラーセロハン

ツリー の作り方

❀ **カラーポリ袋を飾り付け**

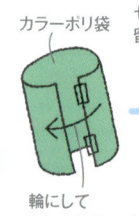

- カラーポリ袋
- 輪にしてセロハンテープで留める
- セロハンテープで留める
- しわを付けて厚紙をはった折り紙
- はる
- 画用紙
- フェルトペンで自画像を描く
- 好きな形に切ったカラーセロハン

ツリー のバリエーション

年齢別 子どもと作れる壁面・月の製作アイディア
子どもたちと作ろう

冬 クリスマス ツリー

🌸 色画用紙をもんでちぎり絵

素材 色画用紙・厚紙・リボン 木の実や小枝などの自然物

3歳児 くらい

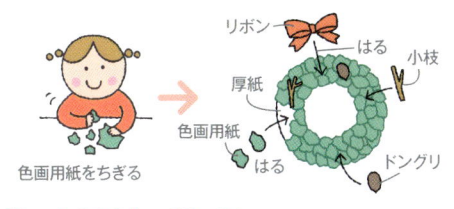

色画用紙をちぎる → リボン・はる・小枝・厚紙・色画用紙・はる・ドングリ

作り方のポイント！ 木の実を飾ってリースに
もんでちぎった色画用紙はふわふわとした立体感を演出します。木の実を自由に飾ってオリジナル感を。

🌸 クリアフォルダーを組み合わせて

素材 色画用紙・クリアフォルダー カラーセロハン

4歳児 くらい

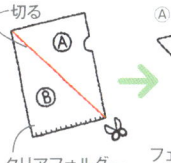

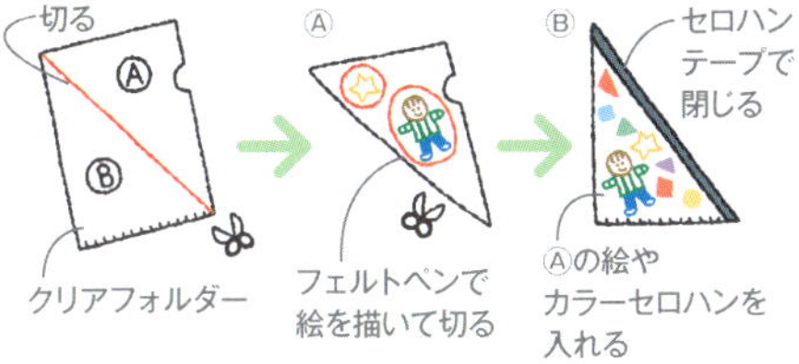

切る → Ⓐ・Ⓑ クリアフォルダー → Ⓐ フェルトペンで絵を描いて切る → Ⓑ セロハンテープで閉じる　Ⓐの絵やカラーセロハンを入れる

作り方のポイント！ 透明素材を組み合わせる
透明なので、素材同士の色が混ざったり透けたりしてオシャレなツリーになります。

🌸 リボンを結んで飾り付け

素材 色画用紙・スズランテープ・リボン

5歳児 くらい

束ねたスズランテープ 結んで留める 切る → スズランテープを裂く 色画用紙 → フェルトペンで顔を描く はる リボンを結ぶ

作り方のポイント！ 結ぶ練習にぴったり！
スズランテープを束ねて裂くと簡単ツリーのできあがり。楽しみながらリボンを結ぶ練習ができます。

47

冬 クリスマス

サンタの国のポケットツリー

夢の中で、サンタの国に行ってきま〜す♪ ツリーは色画用紙を階段折りして作るとポケット状になります。飾りや欲しいプレゼント、広告紙を切り抜いて入れても楽しいですね。 型紙▶113ページ 製作▶むかいえり

素材 色画用紙・折り紙・広告紙・綿

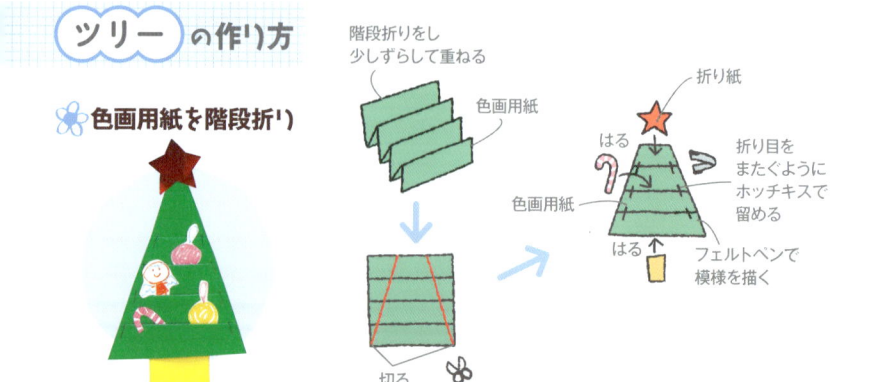

ツリー の作り方

色画用紙を階段折り

階段折りをし少しずらして重ねる
色画用紙

切る

はる
折り紙
折り目をまたぐようにホッチキスで留める
色画用紙
はる
フェルトペンで模様を描く

48

ツリーのバリエーション

年齢別 子どもと作れる壁面・月の製作アイディア
子どもたちと作ろう

冬 クリスマス / ツリー

🌸 二つ折りのしかけ 素材: 色画用紙・折り紙・アイスの棒 3歳児くらい

- 二つ折りにした色画用紙 … はる
- 折り紙 … はる
- フェルトペンで描く
- アイスの棒 … はる
- 色画用紙

作り方のポイント！ プレゼントを開くと…
二つ折りにした色画用紙に欲しいプレゼントを描くだけで、簡単なしかけツリーができあがります。

🍀 色画用紙にステンシル 素材: 色画用紙・厚紙 4歳児くらい

- 折って持ち手を作る
- セロハンテープで留める
- 厚紙 中を好きな形に切り抜く
- 絵の具
- たんぽでステンシルする
- 色画用紙
- はる
- 色画用紙

作り方のポイント！ ステンシルは持ち手がポイント
ステンシルの型紙は折り目を付けて、持ち手を付けると子どもがステンシルをしやすくなります。

🌸 牛乳パックにひも通し 素材: 色画用紙・牛乳パック・クリアフォルダー・毛糸・ビーズ 5歳児くらい

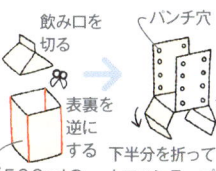

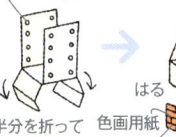

- 飲み口を切る
- 表裏を逆にする
- 500mlの牛乳パック
- パンチ穴
- 下半分を折ってセロハンテープで留める
- 色画用紙 クレヨンで模様を描く
- はる
- クリアフォルダーにフェルトペンで絵を描く
- はる
- ビーズを通す
- 毛糸を穴に通す

作り方のポイント！ 楽しみながら根気よく行なう
ひも通しは細かい作業ですが、好きな穴や素材に毛糸を通すことで長時間の作業も楽しく進められます。

49

冬 クリスマス

ケーキがたくさん！ おいしそう♪

身近にある素材や廃材を使った、おいしそうなケーキのできあがり！ どれにしようか迷っちゃう。お店屋さんごっこにも使えますね。

型紙▶113ページ　製作▶くるみれな

素材 色画用紙・フラワーペーパー・ティッシュペーパーの箱・丸シール
発泡ボール・ひも・アルミカップ・カラーせいさく紙・クレープ紙
プチプチシート・果物ネット・ゼリー容器・マフィンカップ
不織布・タオル・新聞紙・折り紙

ケーキ の作り方

さまざまな素材を使う

- ロールケーキ
- 立体ケーキ
- カップケーキ
- 平面ケーキ

ティッシュペーパーの箱　切る
色画用紙
発泡ボール
はる
ティッシュペーパーの箱

重ねて巻く
タオル
クレープ紙を挟んだプチプチシート

丸めたフラワーペーパー
はる
果物ネット
ひも
カラーせいさく紙

折り紙
ゼリー容器
フラワーペーパー
アルミカップ

クレヨンで描く
マフィンカップ
丸めた新聞紙を不織布で包む

ケーキの共同壁面 のバリエーション

年齢別 子どもと作れる壁面・月の製作アイディア
子どもたちと作ろう

冬 クリスマス ケーキの共同壁面

🌸 ちぎり絵のケーキ

素材 色画用紙・画用紙・折り紙・フラワーペーパー 傘袋・モール・丸シール・レースペーパー

3歳児 くらい

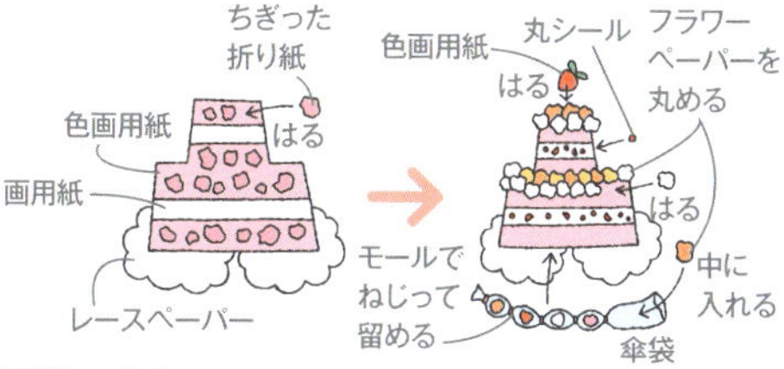

- ちぎった折り紙
- 色画用紙 はる
- 画用紙
- レースペーパー
- モールでねじって留める
- 色画用紙 はる
- 丸シール はる
- フラワーペーパーを丸める
- 中に入れる
- 傘袋

作り方のポイント！ 丸めてみんなで飾り付けるのが楽しい
好きな色のフラワーペーパーをケーキの土台に飾り付け。土台のちぎり絵からみんなで楽しめます！

🌸 カラー片段ボールを巻く

素材 色画用紙・カラー片段ボール・プチプチシート・カラーホイル折り紙

4歳児 くらい

- フェルトペンで塗る
- カラー片段ボール
- プチプチシート
- 巻いて留める
- カラーホイル折り紙
- 色画用紙 はる
- カラー片段ボール

作り方のポイント！ 重ねて感触を楽しみながら巻こう
プチプチシートに色を塗ってカラー片段ボールといっしょに巻くと、不思議な感触を楽しめます。

🌸 はぎれ布を丸める

素材 色画用紙・厚紙・はぎれ布・綿

5歳児 くらい

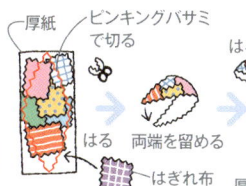

- 厚紙
- ピンキングバサミで切る
- はる
- 両端を留める
- はぎれ布
- 周りをクラフトハンチで抜く
- 色画用紙 はる
- 中央にはる
- 綿を中央にはる
- 厚紙
- 色画用紙

作り方のポイント！ いろいろな色や柄を楽しめる
はぎれ布を土台に使うのでカラフルなしあがりに。ピンキングバサミで周りを切ると形のアクセントに。

51

冬 お正月

十二支オールスターズ

干支の動物が門松の前に勢ぞろい！ 動物たちはすべて丸、三角、四角、だ円、半円を組み合わせてできています。切り込みが入っていて移動ができるので、今年の干支を真ん中に飾ってもいいですね。

型紙▶114ページ　製作▶大橋文男

素材　色画用紙

干支の動物 の作り方

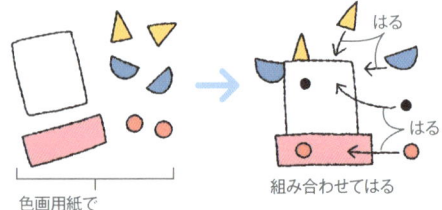

形を組み合わせる

色画用紙で三角、四角、円、半円、などの顔パーツを作る

→

はる
はる
組み合わせてはる

干支の動物 のバリエーション

年齢別 子どもと作れる壁面・月の製作アイディア
子どもたちと作ろう

冬 お正月 / 干支の動物

🌸 封筒にはってパペットに [素材] 色画用紙・封筒・モール　　3歳児 くらい

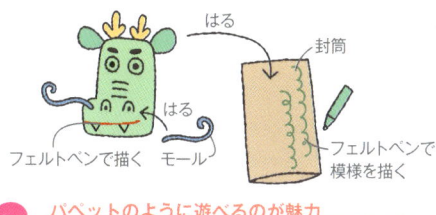

はる / 封筒
はる
フェルトペンで描く / モール / フェルトペンで模様を描く

作り方のポイント!

パペットのように遊べるのが魅力
封筒に干支の動物をはるだけで、パペット感覚で遊べるおもちゃに大変身。ごっこあそびにも使えますね。

🌸 おめでとうペープサート [素材] 色画用紙・割りばし　　4歳児 くらい

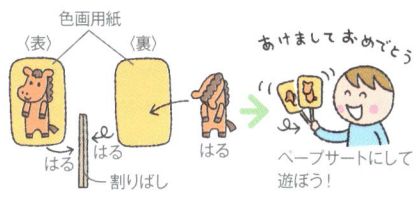

色画用紙
〈表〉 〈裏〉
はる / はる / はる
割りばし

あけましておめでとう
ペープサートにして遊ぼう!

作り方のポイント!

おじぎをする動物がかわいい
ペープサートをひっくり返すとおじぎをした動物が。新年のあいさつにぴったりの作品です。

🌸 二つ折りした紙皿を使う [素材] 色画用紙・紙皿・千代紙・モール　　5歳児 くらい

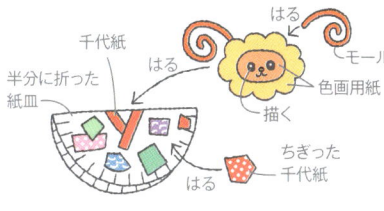

はる / 千代紙
半分に折った紙皿
はる / モール / 色画用紙 / 描く / ちぎった千代紙 / はる

作り方のポイント!

千代紙を着物ふうにはり合わせ
紙皿に千代紙でちぎり絵をすれば、着物ふうになります。ゆらゆら揺らして遊んでもいいですね。

53

オシャレ模様☆だるま

冬 お正月

お正月、サルのおはやしに獅子舞もノリノリです♪ だるまは、赤い折り紙を折り畳んで切って、オシャレな模様に。色を付けたり額をはって飾ったりすると満足感もアップします。

型紙▶ 115ページ　製作▶くるみれな

素材 色画用紙・折り紙（各色・金色）・画用紙・不織布

だるまの作り方

切り紙で模様付け

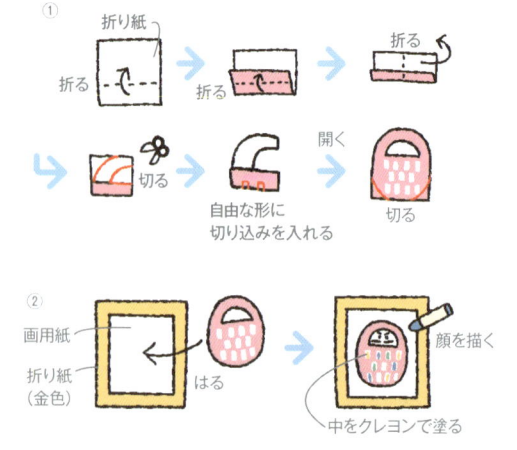

① 折り紙 → 折る → 折る → 折る → 切る → 自由な形に切り込みを入れる → 開く → 切る

② 画用紙／折り紙（金色） → はる → 顔を描く／中をクレヨンで塗る

54

だるまのバリエーション

年齢別 子どもと作れる壁面・月の製作アイディア
子どもたちと作ろう

冬 お正月 / だるま

🌸 紙皿を切る　[素材] 紙皿　　3歳児くらい

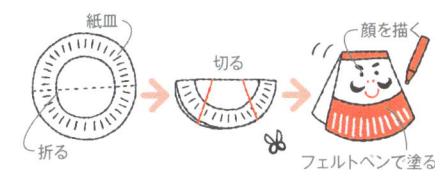

- 紙皿
- 折る → 切る → 顔を描く／フェルトペンで塗る

作り方のポイント！ 指でそっと揺らして遊ぼう
二つ折りにした紙皿を切って、ミニだるまを作りましょう。顔や模様は自由に描いてマイだるまに。

🌸 色画用紙にステンシル　[素材] 色画用紙・画用紙・千代紙　　4歳児くらい

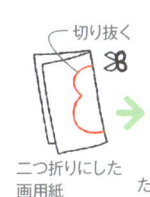

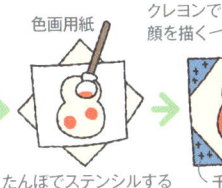

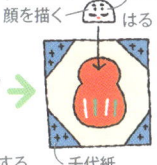

- 二つ折りにした画用紙 → 切り抜く
- 色画用紙／たんぽでステンシルする
- クレヨンで顔を描く／画用紙／はる／千代紙

作り方のポイント！ たんぽでふんわり和風イメージに
型紙は二つ折りにして切ると簡単にできます。四隅に千代紙をあしらうと、一気に和風テイストに。

🌸 紙コップを重ねる　[素材] 紙コップ・折り紙（金色）　　5歳児くらい

- 絵の具を塗った紙コップ／切り抜く
- 重ねる／紙コップ
- 紙コップを回しながらいろいろなところに顔を描く
- はる／折り紙
- 中の紙コップを回して遊びます

作り方のポイント！ クルクル回る表情がおもしろい
切り抜いた紙コップを土台の紙コップに重ねるだけで、回して表情の変化を楽しめるだるまになります。

冬 お正月

書き初めふう和風だこ

トラの兄弟たちはたこ揚げにも気合いが入ります。たこは書き初めふうに墨で描くと印象的に。にじみ絵の模様を入れると、より和風っぽさがプラスされますね。型紙▶116ページ　製作▶くるみれな

素材　色画用紙・和紙・カラー和紙ひも・カラー片段ボール・たこ糸　千代紙

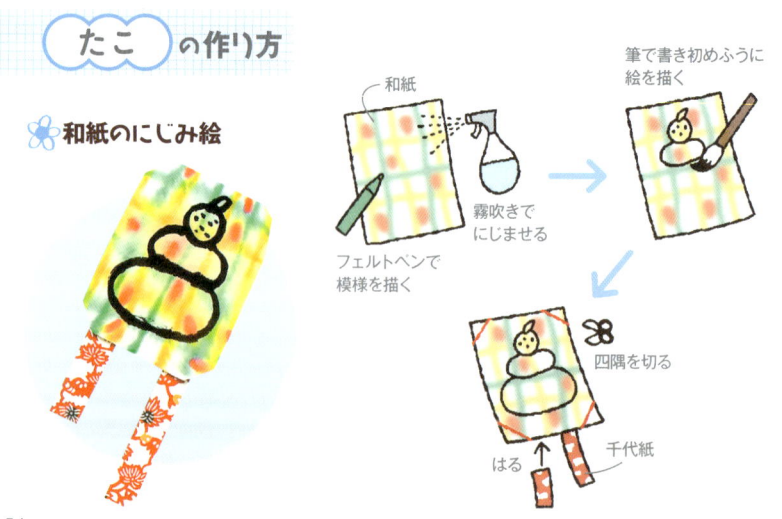

たこ の作り方

和紙のにじみ絵

- フェルトペンで模様を描く
- 霧吹きでにじませる
- 筆で書き初めふうに絵を描く
- 四隅を切る
- はる / 千代紙

和紙

たこ のバリエーション

年齢別 子どもと作れる壁面・月の製作アイディア
子どもたちと作ろう

冬 お正月 / たこ

🌸 紙皿でキャラクター作り　[素材] 折り紙・紙皿・包装紙　3歳児くらい

- 折り紙をはる
- 折り紙をちぎってはる
- 紙皿
- 包装紙をはる

作り方のポイント！

いろいろな干支の動物を作ってみても
紙皿の形を生かして、干支の動物でたこを作ります。折り紙のちぎり絵がデザインのポイント。

🌸 クリアフォルダーに挟む　[素材] 色画用紙・クリアフォルダー・紙テープ・ビニールテープ　4歳児くらい

- クリアフォルダーに挟む
- フェルトペンで顔を描く
- 色画用紙
- クリアフォルダー
- 油性フェルトペンで模様を描く
- ビニールテープ
- はる
- 紙テープ

作り方のポイント！

裏表で作ってもかわいい
クリアフォルダーに挟むだけなので、表裏両方から絵柄が見えるように作ると見た目も華やかに。

🌸 スチレンはんこを押す　[素材] 封筒・たこ糸・スチレン皿　5歳児くらい

- 切る
- 封筒
- パンチで穴をあけてたこ糸を結ぶ
- スチレンはんこを押す
- スチレン皿
- ボールペンのふたでこすってへこませる
- わ〜い！
- たこ揚げしよう！

作り方のポイント！

たこ揚げをして遊ぼう
封筒を切り開いて作ったたこはよく揚がります。できあがったらみんなで外でたこ揚げをしましょう。

57

冬 節分

鬼にへんしーん☆

鬼が島に探検に来た子どもたち。でも…あれれ？　角が生えて鬼に変身しちゃいました。封筒の下に角を隠し、「自分」を作ってみましょう。背景はスズランテープを使って華やかに。　型紙▶117ページ　製作▶秋山理香

素材　色画用紙・封筒・スズランテープ・折り紙

鬼 の作り方

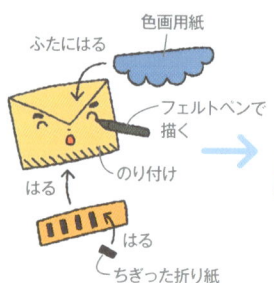

封筒にパーツをはる

- ふたにはる
- 色画用紙
- フェルトペンで描く
- のり付け
- はる
- ちぎった折り紙
- はる
- フェルトペンで描く
- ふたを閉じたときに見えない位置にはる

鬼 のバリエーション

年齢別 子どもと作れる壁面・月の製作アイディア
子どもたちと作ろう

冬 / 節分 / 鬼

🌸 和紙をマーブリング

素材 色画用紙・画用紙・和紙　**3歳児** くらい

- 和紙
- 中にひたす
- マーブリング（彩液）
- 水を張ったトレイ
- 竹ぐしでそっと混ぜる
- 手でちぎって折る
- はる
- 折る
- 画用紙
- 色画用紙
- 描く
- はる
- クレヨンで顔を描く

作り方のポイント！ 髪と口は折り返すだけ！
マーブリングの淡い色合いで優しい印象に。折り返した髪の毛はちぎると味が出ます。

🌸 色画用紙を二つ折り

素材 色画用紙・画用紙・折り紙　**4歳児** くらい

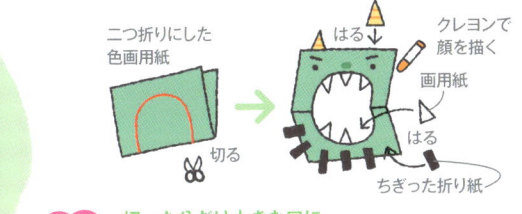

- 二つ折りにした色画用紙
- 切る
- はる
- クレヨンで顔を描く
- 画用紙
- はる
- ちぎった折り紙

作り方のポイント！ 切った分だけ大きな口に
色画用紙の真ん中を大きく切り取って大口鬼に。切り方しだいでいろいろな形の口ができておもしろい！

🌸 紙コップをつなげる

素材 色画用紙・画用紙・紙コップ・クラフト紙　**5歳児** くらい

- 描く
- はる
- 折る
- 色画用紙
- セロハンテープで留める（表裏両方）
- 画用紙
- 階段折りをする
- フェルトペンで顔を描く
- ナイスキャッチ！
- 豆を鬼の口でキャッチして遊びます。
- 豆はクラフト紙を丸めて作りましょう。

作り方のポイント！ 友達同士で豆をキャッチ
パカパカ口が開閉するので、大きく口を開き順番に豆を投げ合ってキャッチしてみよう！

冬
節分

決戦!! 鬼が島

「ガオーッ」ときばをむくのは、お菓子の空き箱や牛乳パックの鬼さんたち。切り込みを入れた口が開くので迫力が増しますね。パンツはくしゃくしゃにした色画用紙に模様を付けて。髪は色とりどりのフラワーペーパーでオシャレに飾りました。　型紙▶117ページ　製作▶くるみれな

素材　色画用紙・画用紙・お菓子の空き箱・牛乳パック
　　　フラワーペーパー・アルミホイル

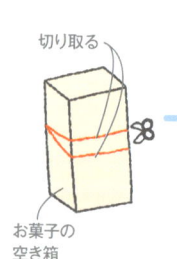

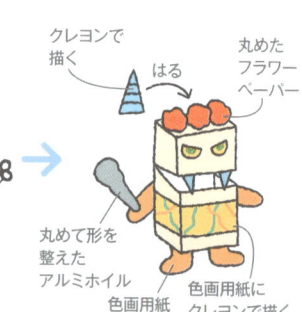

鬼 の作り方

切り込みを入れて立体鬼

切り取る

お菓子の空き箱

クレヨンで描く　丸めたフラワーペーパー

はる

丸めて形を整えたアルミホイル
色画用紙

色画用紙にクレヨンで描く

鬼 のバリエーション

年齢別 子どもと作れる壁面・月の製作アイディア
子どもたちと作ろう

冬 / 節分 / 鬼

🌸 紙皿をつなげる　素材　色画用紙・紙皿・フラワーペーパー　3歳児くらい

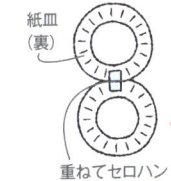

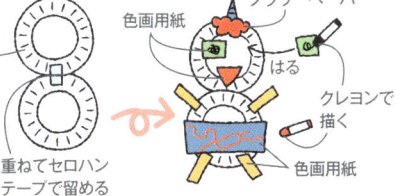

紙皿（裏）／色画用紙／フラワーペーパー／はる／クレヨンで描く／重ねてセロハンテープで留める／色画用紙

作り方のポイント！ つなげて簡単、ビッグ鬼のできあがり
紙皿なので、装飾スペースを広く取れます。素材を限定せず、自由に製作しましょう。

🌸 ペットボトルに詰める　素材　色画用紙・画用紙・ペットボトル・フラワーペーパー　4歳児くらい

巻き付けてねじる／色画用紙／フラワーペーパー／画用紙／クレヨンで描く／フラワーペーパーを詰める／色画用紙／ペットボトル／クレヨンで模様を描く／しわを付けた色画用紙

作り方のポイント！ 色を組み合わせてカラフル鬼に
フラワーペーパーを詰めるだけで、カラフルで華やかに。同じ色を入れて、赤鬼・青鬼さんを作っても。

🌸 レジ袋に詰める　素材　色画用紙・持ち手付きレジ袋・新聞紙・フラワーペーパー・ビニールテープ　5歳児くらい

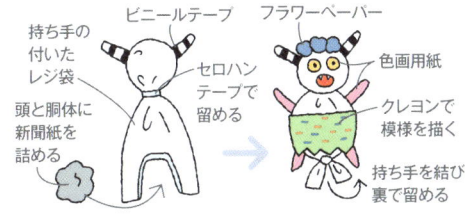

持ち手の付いたレジ袋／ビニールテープ／フラワーペーパー／セロハンテープで留める／色画用紙／クレヨンで模様を描く／頭と胴体に新聞紙を詰める／持ち手を結び裏で留める

作り方のポイント！ 新聞紙の量で形を調節しよう
新聞紙の量やセロハンテープを留める位置で、形を整えましょう。いろいろな体格の鬼ができますね。

鬼さんと縄跳びピョーン

冬 節分

封筒にちぎった新聞紙などを詰めて作る鬼さん。髪の毛は毛糸やスズランテープを使い、素材の変化を付けて楽しみましょう。

型紙▶118ページ　製作▶藤江真紀子

素材　色画用紙・封筒・スズランテープ・ひも・モール・毛糸・新聞紙など

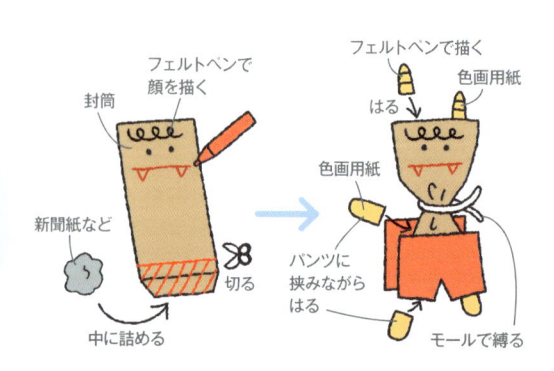

鬼の作り方

封筒に詰める

- 封筒
- フェルトペンで顔を描く
- 新聞紙など
- 切る
- 中に詰める
- フェルトペンで描く
- 色画用紙
- はる
- 色画用紙
- パンツに挟みながらはる
- モールで縛る

鬼 のバリエーション

年齢別 子どもと作れる壁面・月の製作アイディア
子どもたちと作ろう

冬 / 節分 / 鬼

🌸 透明ビニール袋に詰める

素材 色画用紙・フラワーペーパー・ビニール袋・スズランテープ・モール

3歳児くらい

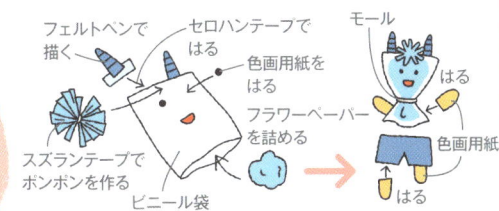

- フェルトペンで描く
- セロハンテープではる
- モール
- 色画用紙をはる
- はる
- スズランテープでポンポンを作る
- フラワーペーパーを詰める
- 色画用紙
- ビニール袋
- はる

作り方のポイント！ 中に詰める素材を変えると違う雰囲気に
透明のビニール袋は中が透けて見えるので、中身の素材を変えれば印象が変わりますね。

🌸 牛乳パックで立体的に

素材 色画用紙・牛乳パック・たこ糸・折り紙・ペットボトルのふた

4歳児くらい

- 飲み口を開いた牛乳パック
- たこ糸をはる
- 折り紙を巻く
- 模様を描く
- はる
- はる
- 切り取る
- 切り込みを入れる
- 色画用紙
- フェルトペンで描く
- ペットボトルのふた

作り方のポイント！ ペットボトルのふたを用いて斬新なデザインに
目とおへそをペットボトルのふたにすると立体的に。ふたに描くのが大変なときは丸シールで代用可。

🌸 アルミホイルで包む

素材 色画用紙・厚紙・アルミホイル・カラーホイル折り紙・モール・割りばし

5歳児くらい

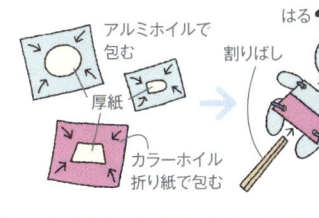

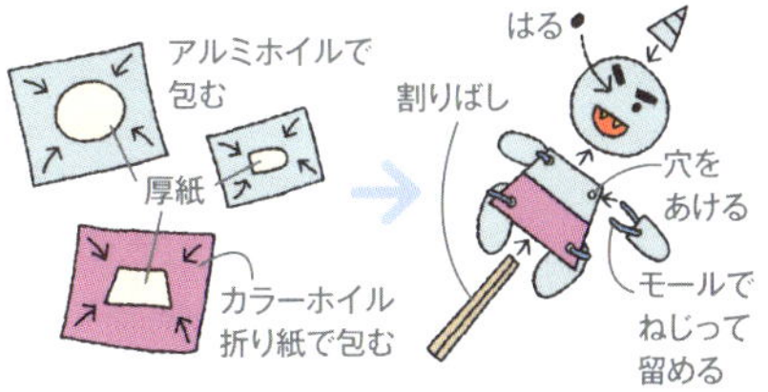

- アルミホイルで包む
- はる
- 厚紙
- 割りばし
- カラーホイル折り紙で包む
- 穴をあける
- モールでねじって留める

作り方のポイント！ 手足を動かして遊べるペープサートにも
モールで手足が動かせるので、友達同士ペープサートにして遊んでも楽しいですね。

冬 戸外遊び

あったか帽子うれしいね

果物ネットであったかい帽子を作りましょう。編み目に毛糸を通していけば、かわいい帽子のできあがり。これで寒くてもへっちゃらだね！

製作▶藤江真紀子　※このページは型紙がありません。

素材 色画用紙・紙コップ・毛糸・モール・果物ネット・フェルト

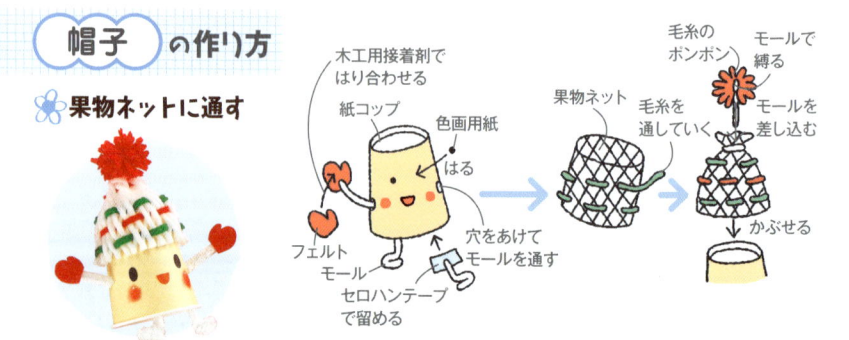

帽子 の作り方

果物ネットに通す

木工用接着剤ではり合わせる
紙コップ
色画用紙
はる
フェルト
モール
セロハンテープで留める
穴をあけてモールを通す

果物ネット
毛糸を通していく

毛糸のボンボン
モールで縛る
モールを差し込む
かぶせる

帽子 のバリエーション

年齢別 子どもと作れる壁面・月の製作アイディア
子どもたちと作ろう

冬 戸外遊び / 帽子

毛糸を巻き付ける

素材 色画用紙・紙コップ・毛糸・ゼリー容器　**3歳児** くらい

- クラフトパンチ
- はる
- 毛糸を巻いて留める
- ゼリー容器
- 重ねる
- 紙コップ
- 色画用紙
- はる

作り方のポイント！ 高さの違いを生かす
ゼリー容器に毛糸を巻き付けるだけ。高さが違うので、重ねると帽子と顔のバランスがちょうどいい！

にじみ絵をかぶせる

素材 色画用紙・紙コップ・和紙・モール・輪ゴム　**4歳児** くらい

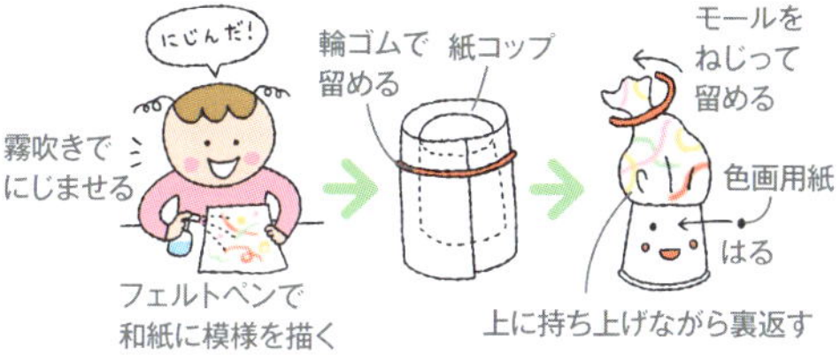

- フェルトペンで和紙に模様を描く
- 霧吹きでにじませる
- 「にじんだ！」
- 輪ゴムで留める
- 紙コップ
- 上に持ち上げながら裏返す
- モールをねじって留める
- 色画用紙
- はる

作り方のポイント！ 輪ゴムを掛けてひっくり返すだけ
にじみ絵のふわふわ帽子はだれでも簡単にでき、モールを留める位置でデザインに変化を。

牛乳パックで編む

素材 折り紙・紙コップ・毛糸・牛乳パック カラークラフトテープ　**5歳児** くらい

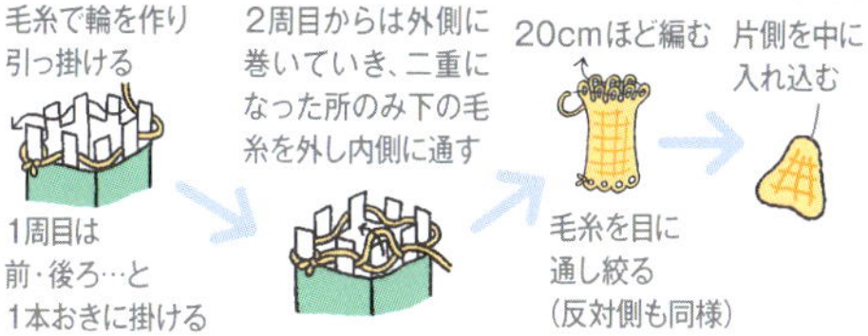

- 毛糸で輪を作り引っ掛ける
- 1周目は前・後ろ…と1本おきに掛ける
- 2周目からは外側に巻いていき、二重になった所のみ下の毛糸を外し内側に通す
- 20cmほど編む
- 毛糸を目に通し絞る（反対側も同様）
- 片側を中に入れ込む

● ちぎり絵や顔を描いた紙コップなどに被せるとかわいいですね。
※牛乳パックの編み機の作り方は118ページ参照。

作り方のポイント！ 編み方を覚えていろいろアレンジ
毛糸の引っ掛け方さえ覚えてしまえば、色を変えたりマフラーにしたりと、さまざまなアレンジができますね。

冬 戸外遊び

冬を駆けろ！ ボーダー＆スキーヤー

トイレットペーパー芯を重ねて作った体に、階段折りを組み合わせた足を付けるのがポイント。ストローで作ったリフトを取り付ければ、左右に動かしてさらに楽しめますよ。 型紙▶119ページ　製作▶藤沢しのぶ

素材 色画用紙・トイレットペーパー芯・モール・丸シール・ストロー・折り紙・オーロラ折り紙・毛糸

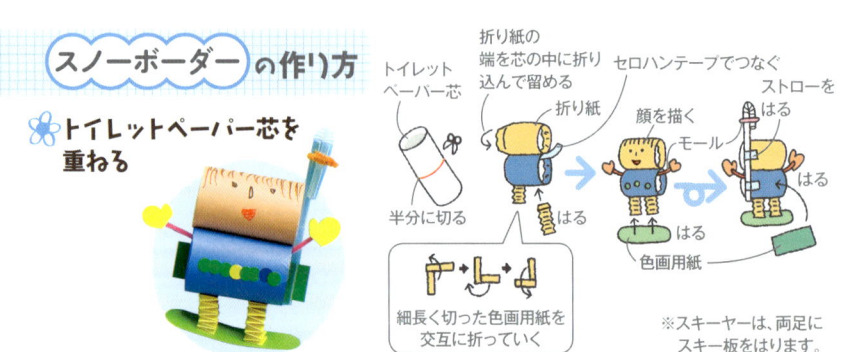

スノーボーダー の作り方

🌸 **トイレットペーパー芯を重ねる**

トイレットペーパー芯

半分に切る

折り紙の端を芯の中に折り込んで留める

折り紙

はる

セロハンテープでつなぐ

顔を描く

モール

はる

ストローをはる

はる

色画用紙

細長く切った色画用紙を交互に折っていく

※スキーヤーは、両足にスキー板をはります。

スノーボーダー のバリエーション

年齢別 子どもと作れる壁面・月の製作アイディア
子どもたちと作ろう

冬 戸外遊び / スノーボーダー

🌸 透明ビニール袋に詰める

素材 画用紙・フラワーペーパー・カラーせいさく紙
ビニール袋・たこ糸・不織布・モール・丸シール

3歳児 くらい

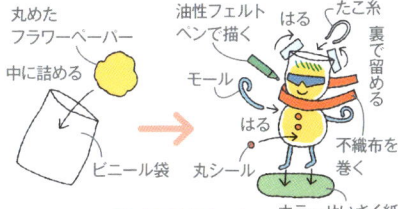

- 丸めたフラワーペーパー 中に詰める
- ビニール袋
- 油性フェルトペンで描く
- はる / たこ糸 / 裏で留める
- モール
- はる
- 丸シール
- 不織布を巻く
- カラーせいさく紙

作り方のポイント！ マフラーの結び方がポイント
形作りのポイントは不織布の結び目。結ぶ場所によってさまざまな体の形が作れます。

🌸 ティッシュペーパーの箱のゴンドラ

素材 色画用紙・折り紙・ティッシュペーパーの箱
トイレットペーパー芯・モール・丸シール

4歳児 くらい

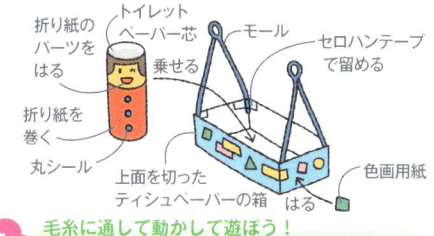

- トイレットペーパー芯
- 折り紙のパーツをはる
- 乗せる
- 折り紙を巻く
- 丸シール
- モール
- セロハンテープで留める
- 上面を切ったティシュペーパーの箱
- はる
- 色画用紙

作り方のポイント！ 毛糸に通して動かして遊ぼう！
ティッシュペーパーの箱にモールを通しゴンドラに。さあ、何人の友達が乗れるかな？

🌸 トイレットペーパー芯を折り上げる

素材 色画用紙・折り紙・カラーせいさく紙
トイレットペーパー芯・たこ糸

5歳児 くらい

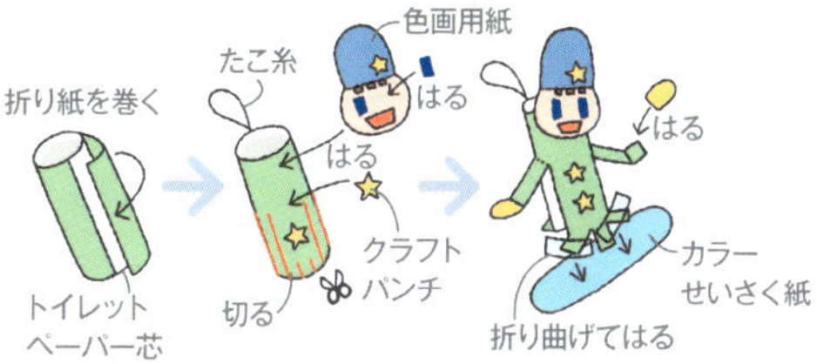

- 折り紙を巻く
- トイレットペーパー芯
- たこ糸
- 色画用紙
- はる
- 切る
- クラフトパンチ
- はる
- 折り曲げてはる
- カラーせいさく紙

作り方のポイント！ 手の角度でバランスを
切り込みを入れたトイレットペーパー芯を固定します。手を折り上げる角度でさまざまなポーズに！

67

冬 戸外遊び

なが〜い雪だるま

階段折りして切るだけで、丸がビヨ〜ンと長く連なり、あっという間に背の高い雪だるまに。布やボタンなどでステキに飾りましょう。背景には雪をイメージしたレースペーパーで華やかさをプラス。

型紙▶**120ページ**　製作▶イケダヒロコ

素材 色画用紙・和紙・レースペーパー・カラーホイル折り紙
包装紙・ビーズ・ボタン・リボン・綿

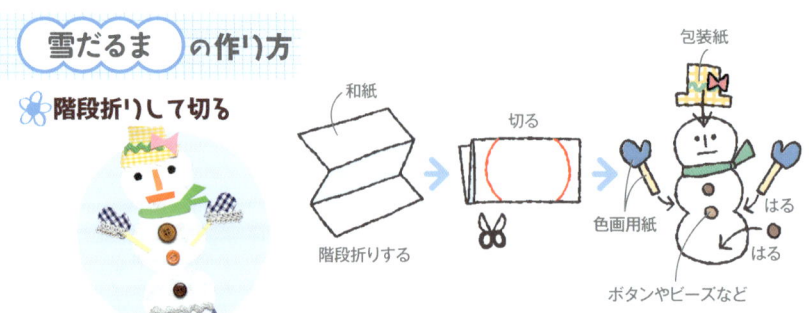

雪だるま の作り方

階段折りして切る

和紙 → 階段折りする → 切る → 包装紙・色画用紙・ボタンやビーズなど　はる

雪だるま のバリエーション

年齢別 子どもと作れる壁面・月の製作アイディア
子どもたちと作ろう

冬 戸外遊び / 雪だるま

🌸 スチレン皿を型抜き　**素材** 色画用紙・スチレン皿　　3歳児くらい

スチレン皿／竹ぐし／穴をあける → 手で押し抜く → 色画用紙／はる

作り方のポイント！ 穴をあける作業を楽しもう！
穴をあける感触を十分に味わえるようにしましょう。
竹ぐしで穴をあけるときは安全面の配慮を忘れずに。

🌸 ねじって巻いていく　**素材** 色画用紙・フラワーペーパー・ボタン　　4歳児くらい

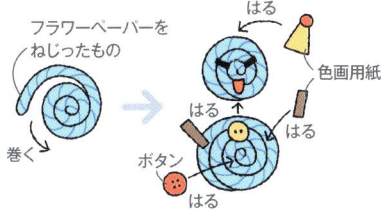

フラワーペーパーをねじったもの／巻く → はる／色画用紙／はる／ボタン／はる

作り方のポイント！ 素材の使い方の発想を変えて
フラワーペーパーは柔らかくねじりやすいので手になじみ、指先の発達を助けます。

🌸 和紙をちぎる　**素材** 色画用紙・和紙　　5歳児くらい

和紙をよくもんでちぎる → 色画用紙／フェルトペンで描く／形を組み合わせてはる

作り方のポイント！ 大きさ、形の違いを楽しもう！
手でちぎるので、大小形はさまざまでユニークなしあがりに。丸以外の雪だるまが登場してもいいですね。

69

早春 自然

ウメの下でひなたぼっこ

マーブリングした和紙を5枚組み合わせて構成遊び。華やかで温かいウメの花になります。黄色の丸く切った色画用紙の周りに花びらをはっていくと、組み合わせやすいですね。 型紙▶120ページ　製作▶むかいえり

素材　色画用紙・和紙

ウメの花 の作り方

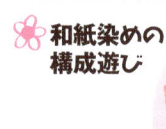

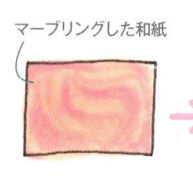

和紙染めの構成遊び

マーブリングした和紙

→ 切った和紙を組み合わせてはる

色画用紙

ウメの花 のバリエーション

年齢別 子どもと作れる壁面・月の製作アイディア
子どもたちと作ろう

早春 自然 ／ ウメの花

🌸 丸めてねじって留める　[素材] 傘袋・フラワーペーパー　（3歳児くらい）

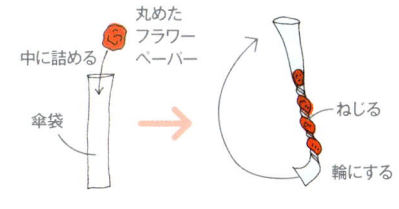

中に詰める　丸めたフラワーペーパー
傘袋 → ねじる／輪にする

作り方のポイント！

2つの素材で豪華にできる
丸めてねじるだけなので、接着するのも最後のみ。簡単なので低年齢児にもおススメです。

🌸 ちぎり絵で構成遊び　[素材] 色画用紙・千代紙・クラフト紙　（4歳児くらい）

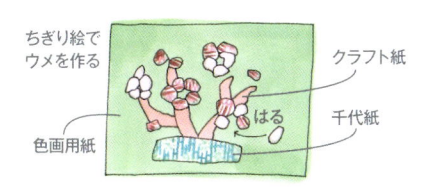

ちぎり絵でウメを作る　クラフト紙
色画用紙　はる　千代紙

作り方のポイント！

パズルのように楽しめる！
花、枝、鉢をすべてちぎって作ります。枝をクラフト紙にするなど、素材を変えて組み合わせてもOK！

🌸 スポンジでステンシル　[素材] 色画用紙・画用紙・厚紙・スポンジ　（5歳児くらい）

小さく切ったスポンジ　ステンシルする　ポンポン
切り抜く
厚紙　画用紙　絵の具　→　はる　色画用紙

作り方のポイント！

握りやすい大きさにスポンジをカット
スポンジは子どもの握りやすい大きさに切っておくと使いやすいですね。

早春
ひな祭り

モモにちょこん♪ ひな人形

モモの花に座ったかわいらしいおひなさまです。ひな人形は、フラワーペーパーを重ねてはると、色が透けてとっても華やか。モモは色画用紙で作っていますが、切り込みを入れて立体的に。 型紙▶121ページ 製作▶藤沢しのぶ

素材 色画用紙・折り紙・トイレットペーパー芯・千代紙・モール フラワーペーパー

おひなさま の作り方

🌸 **千代紙で着物を飾る**

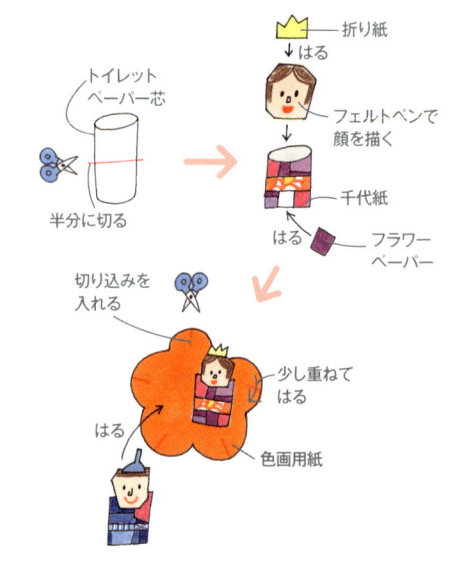

- トイレットペーパー芯 → 半分に切る
- 折り紙 → はる
- フェルトペンで顔を描く
- 千代紙
- はる → フラワーペーパー
- 切り込みを入れる
- 少し重ねてはる
- はる
- 色画用紙

おひなさま のバリエーション

年齢別 子どもと作れる壁面・月の製作アイディア
子どもたちと作ろう

早春 ひな祭り おひなさま

🌸 色画用紙を丸める　素材 色画用紙　　3歳児 くらい

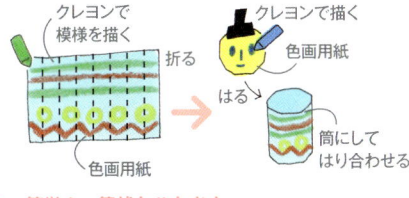

クレヨンで模様を描く
折る
色画用紙
クレヨンで描く
色画用紙
はる
筒にしてはり合わせる

作り方のポイント！
簡単！　筒状おひなさま
作り方がシンプルなので、低年齢児でも楽しく作れます！　自由に模様を描きましょう。

🌸 着物を染める　素材 色画用紙・和紙　　4歳児 くらい

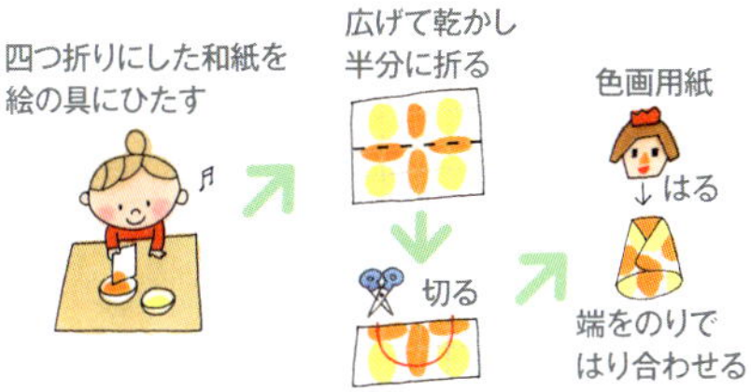

四つ折りにした和紙を絵の具にひたす
広げて乾かし半分に折る
切る
色画用紙
はる
端をのりではり合わせる

作り方のポイント！
和紙を円すい型にして立体的に
円すい型に和紙を留めればちょこんと座っているようなおひなさまに。2〜3色で染めるときれい！

🌸 着物を折る　素材 色画用紙・千代紙　　5歳児 くらい

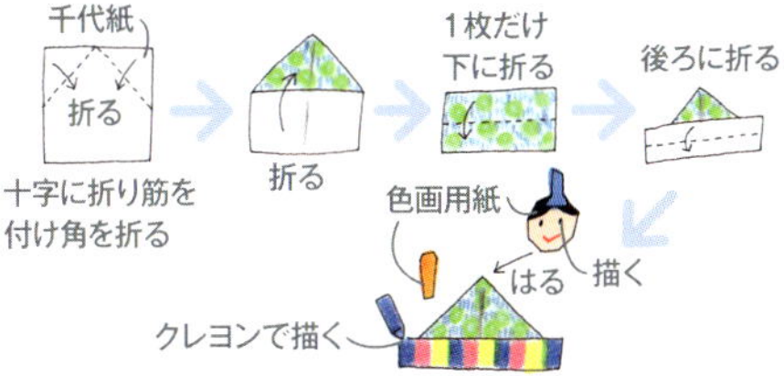

千代紙
折る
十字に折り筋を付け角を折る
折る
1枚だけ下に折る
後ろに折る
色画用紙
はる
描く
クレヨンで描く

作り方のポイント！
台座付きの千代紙おひなさま
最後に後ろに折った部分は台座になるので、子どもたちが自由に模様を描いてアレンジができますね。

73

クルクルおひなさま

早春 ひな祭り

回すとクルクルと表情が変わるひな人形は、紙皿を2枚重ねて割りピンで留めるだけ。着物の模様は、シールはりや描画に置き換えると小さい子ども向けにもなりますね。 型紙▶ 122ページ　製作▶ くるみれな

素材　色画用紙・紙皿・フラワーペーパー・割りピン

おひなさまの作り方

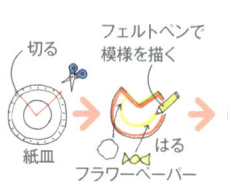

割りピンでクルクル回る

切る → 紙皿

フェルトペンで模様を描く → はる　フラワーペーパー

紙皿に重ねる

下の紙皿を回しながらフェルトペンで数か所顔を描く → 穴をあけ割りピンで留める

おひなさま のバリエーション

年齢別 子どもと作れる壁面・月の製作アイディア
子どもたちと作ろう

早春 ひな祭り / おひなさま

🌸 ローラーで色付け　素材：色画用紙・紙皿・段ボール・千代紙　3歳児 くらい

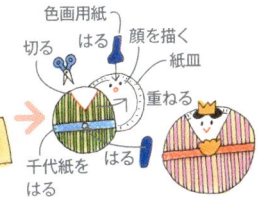

段ボールをはがす → ローラーで色を塗る（絵の具）→ 切る／色画用紙をはる／顔を描く／紙皿／千代紙をはる／重ねる／はる

作り方のポイント！ ローラーの感触を楽しみながら塗る
ふだん使わないローラーで塗るので、でこぼこした素材の感触を十分に楽しめるといいですね。

🌸 リボンを巻く　素材：色画用紙・紙皿・リボン　4歳児 くらい

絵の具を塗る／この部分だけは色を塗らない／紙皿／穴をあける → リボンを穴に通して巻き付ける → 色画用紙をはる／顔を描く／中央にはる

作り方のポイント！ 楽しく穴に通して巻こう！
ひとつひとつ穴に通すのが楽しい！「ていねいにゆっくりと」作業しましょう。

🌸 切り紙をはる　素材：折り紙・紙テープ・紙皿　5歳児 くらい

紙テープを二つ折りする／自由に切り込みを入れる → 折り紙をはる／描く／折り紙をはる／紙皿／開く

作り方のポイント！ 切って開くと模様のできあがり！
二つ折りの紙テープを切るので、切った形が開くとどのような形になるか、期待と想像が膨らみます。

早春 ひな祭り

竹からにっこりプチひな人形

月夜の明かりに誘われて、まるでかぐや姫のようにひな人形が竹から生まれてきましたよ。竹の光は折り紙をくしゃくしゃにもんで演出しています。

型紙▶122ページ　製作▶むかいえり

素材　色画用紙・折り紙（金色）・千代紙

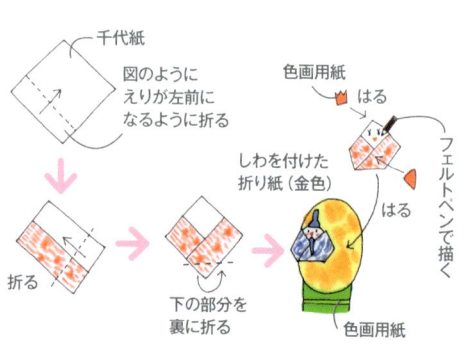

おひなさま の作り方

千代紙を3回折る

千代紙 → 図のようにえりが左前になるように折る → 折る → 下の部分を裏に折る → しわを付けた折り紙（金色）／色画用紙／はる／フェルトペンで描く／色画用紙

おひなさま のバリエーション

年齢別 子どもと作れる壁面・月の製作アイディア
子どもたちと作ろう

早春 ひな祭り おひなさま

🌸 クラフト紙をねじる　素材 色画用紙・千代紙・クラフト紙　3歳児 くらい

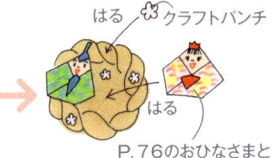

クラフト紙をねじって巻く → はる　クラフトパンチ　はる　P.76のおひなさまと同じ作り方のもの

作り方のポイント！
どんどんねじろう
土台はクラフト紙で作ります。「ヘビみたい！」と見たて遊びをしながらねじっても楽しいですね。

🌸 紙コップに切り込みを入れる　素材 色画用紙・紙コップ・千代紙　4歳児 くらい

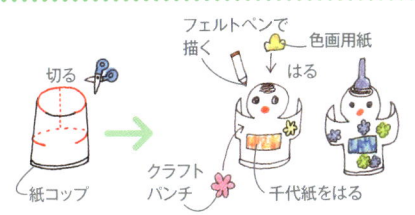

切る　紙コップ → フェルトペンで描く　色画用紙　はる　クラフトパンチ　千代紙をはる

作り方のポイント！
クラフトパンチの種類を豊富に
着物の模様として、クラフトパンチの種類をたくさん用意すれば、選ぶ楽しさが倍増しますね！

🌸 着物をデカルコマニー　素材 色画用紙　5歳児 くらい

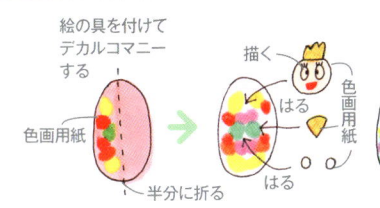

絵の具を付けてデカルコマニーする　色画用紙　半分に折る → 描く　はる　色画用紙　はる

作り方のポイント！
混ざり合うように絵の具を付けよう！
デカルコマニーは、片側に絵の具が混ざり合うように付けると、ダイナミックな模様ができます。

77

早春 自然

トントントン春ですよ〜！

ドアをあけると冬眠していた動物たちが大あくび。ドアも横開き、両面開き、上開きといろいろな形が作れますね。動物たちはお部屋で何をしているのかな？ 型紙▶123ページ 製作▶イケダヒロコ

素材 色画用紙

冬眠明け動物 の作り方

🌸 **取っ手を付けて扉をオープン**

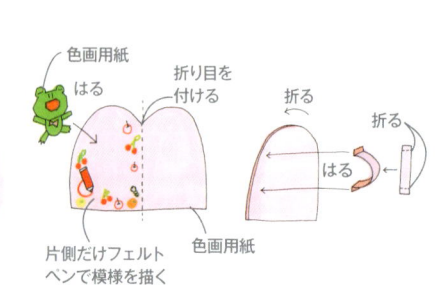

- 色画用紙
- はる
- 折り目を付ける
- 折る
- 折る
- はる
- 片側だけフェルトペンで模様を描く
- 色画用紙

冬眠明け動物 のバリエーション

年齢別 子どもと作れる壁面・月の製作アイディア
子どもたちと作ろう

早春 自然 / 冬眠明け動物

🌸 封筒のおうち

素材 色画用紙・画用紙・窓付きの封筒

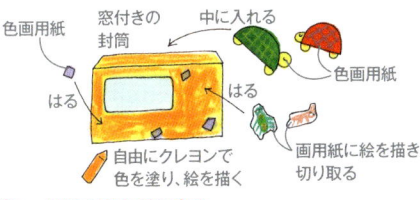

3歳児くらい

- 窓付きの封筒
- 色画用紙
- 中に入れる
- はる
- 色画用紙
- はる
- 自由にクレヨンで色を塗り、絵を描く
- 画用紙に絵を描き切り取る

作り方のポイント！ 封筒の窓を利用する
窓から寝ている動物がこんにちは。子どもたちは「だれが眠っているの?」とワクワクしながらのぞきます。

🌸 紙コップのおうち

素材 色画用紙・折り紙・紙コップ

4歳児くらい

- 切る
- 紙コップ
- 開いてフェルトペンで絵を描く
- 紙コップを閉じる
- 下を少し折ってはる
- 色画用紙に絵を描いて切り取る
- はる
- ちぎった折り紙

作り方のポイント！ 開くと見えるしかけ
紙コップを開くと、冬眠中の動物のお部屋がのぞけます。動物の家族を作ってごっこ遊びをしてみても。

🌸 カーテン付きのおうち

素材 色画用紙・包装紙・お菓子の空き箱・ストロー・スズランテープ

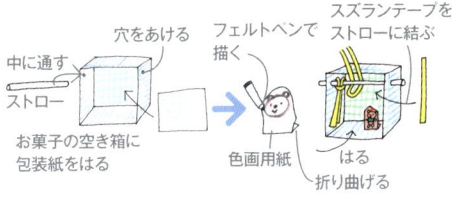

5歳児くらい

- 穴をあける
- 中に通すストロー
- お菓子の空き箱に包装紙をはる
- フェルトペンで描く
- スズランテープをストローに結ぶ
- 色画用紙
- はる
- 折り曲げる

作り方のポイント！ カーテンが開閉できる！
カーテンをあけて「おはよう」と言うことで、就学に向けて朝のあいさつの習慣づけになりますね。

79

早春 自然

サラサラ春の小川

暖かい日ざしを浴びて、"春"を運ぶササ舟が流れていきます。イメージしたり見つけたりした"春"をササ舟に乗せていきましょう。春の小川はフラワーペーパーを重ねてはると、柔らかな印象に。

型紙▶123ページ　製作▶くるみれな

素材 色画用紙・画用紙・フラワーペーパー・モール

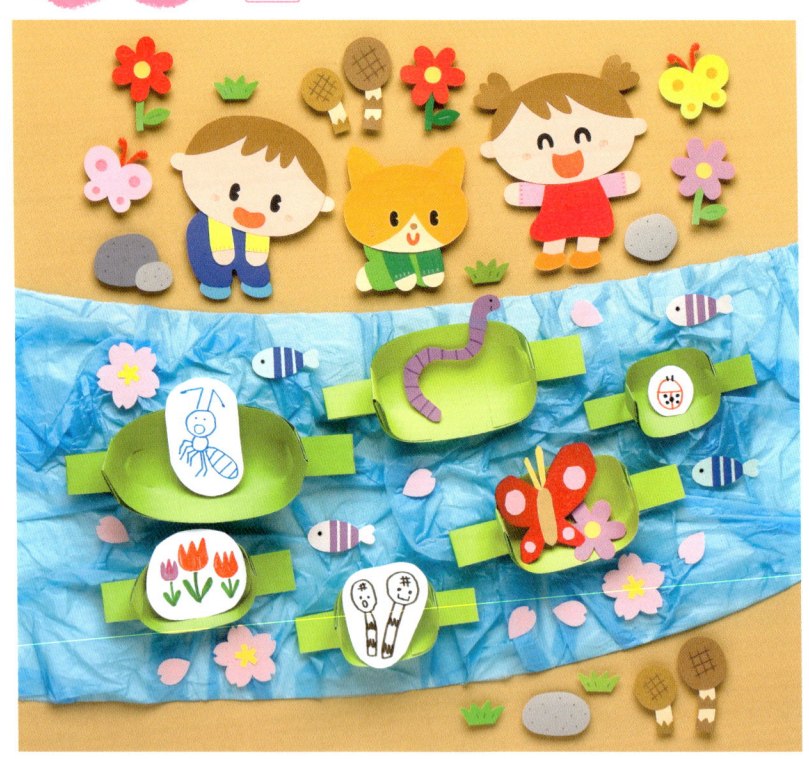

小川の動物 の作り方

ササ舟に乗せる

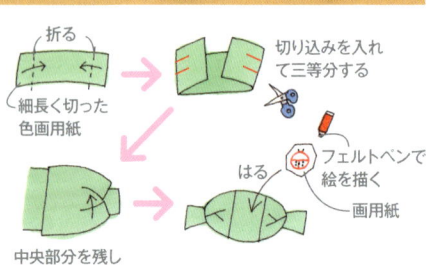

折る → 細長く切った色画用紙 → 切り込みを入れて三等分する → 中央部分を残し片側を反対の輪の中に入れる → はる → フェルトペンで絵を描く　画用紙

小川の動物 のバリエーション

年齢別 子どもと作れる壁面・月の製作アイディア
子どもたちと作ろう

早春 自然 / 小川の動物

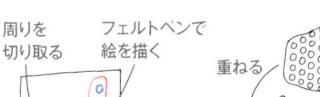

🌼 プチプチシートを重ねる　素材：画用紙・プチプチシート　3歳児くらい

- 周りを切り取る
- フェルトペンで絵を描く
- 重ねる
- 画用紙
- プチプチシート

作り方のポイント！

見て触って楽しめる
プチプチシートが重なっているので、中の絵は少しゆがんで見えてまるで小川の中にいるようですね。

🌼 手でスタンプ　素材：色画用紙　4歳児くらい

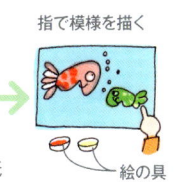

- 絵の具を塗る
- スタンプする（グー）
- 色画用紙
- 指で模様を描く
- 絵の具

作り方のポイント！

手の横でスタンプするのがポイント
ふだんスタンプには使わない手の横側。手のしわや握り方でさまざまなサカナの形が表現できます。

🌼 クレヨンをぼかす　素材：画用紙・封筒・新聞紙・めん棒　5歳児くらい

- クレヨンで模様を描く
- めん棒でぼかす
- 中に詰める
- 新聞紙
- はる
- 画用紙
- 描く
- 封筒
- 絞ってセロハンテープで留める

作り方のポイント！

めん棒で淡色テクニック
クレヨンで描いた模様をめん棒で優しくこすると、模様がぼかされて、春らしい淡い色合いに。

早春 自然

ふーわふわタンポポ

春のタンポポ野原に、チョウや綿毛もふ〜わふわ。タンポポの花びらは、ひとりひとりいろいろな素材を使っても。子どもたちが選んだり、「探してみよう」と投げかけてもいいですね。 型紙▶124ページ　製作▶藤江真紀子

素材 色画用紙・不織布・広告紙・フラワーペーパー・カラーポリ袋
　　　モール・つまようじ

タンポポ の作り方

切り込みを入れた花＆モール、毛糸を巻く

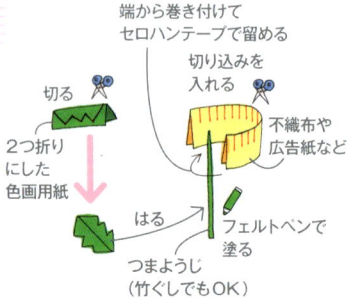

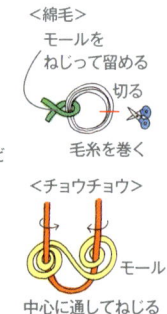

切る
→ 2つ折りにした色画用紙
→ はる
→ つまようじ（竹ぐしでもOK）
→ フェルトペンで塗る

端から巻き付けてセロハンテープで留める
切り込みを入れる
不織布や広告紙など

＜綿毛＞
モールをねじって留める
切る
毛糸を巻く

＜チョウチョウ＞
モール
中心に通してねじる

タンポポ のバリエーション

年齢別 子どもと作れる壁面・月の製作アイディア
子どもたちと作ろう

早春 自然 タンポポ

🌸 切り込みを入れた花を重ねる　[素材] 色画用紙・つまようじ　【3歳児】くらい

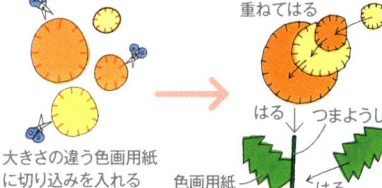

大きさの違う色画用紙に切り込みを入れる
重ねてはる
はる　つまようじ
色画用紙
はる

作り方のポイント！
色違いの色画用紙がポイント
色違いの色画用紙を重ねることで、グラデーションになりぐっと華やかな作品にしあがります。

🌸 紙テープをはり付ける　[素材] 色画用紙・紙テープ　【4歳児】くらい

はる　紙テープ　→　色画用紙の土台　のりを付ける　→　紙テープを土台にはる　→　はる　輪にした紙テープ　はる

作り方のポイント！
数も向きも子どものイメージで
紙テープを花びらのようにはります。方向や数は子どもによってさまざま。子どもの個性が光りますね。

🌸 フラワーペーパーを重ねる　[素材] フラワーペーパー・ペットボトルのふた　【5歳児】くらい

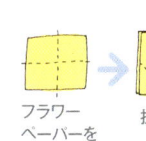

フラワーペーパーを折る　→　折る　切　花の中心を詰める　→　丸めたフラワーペーパー　はる　ペットボトルのふたに木工用接着剤を入れる　大小2枚重ねる

作り方のポイント！
重ねたら膨らみを持たせる
ただ重ねるだけでなく、少しずつ立ち上げて膨らみを持たせると、より花びら感が出ます。

早春 自然

ナノハナ畑でなにして遊ぼ♪

一面に広がるナノハナ畑。筒状にした色画用紙に切り込みを入れ、上に伸ばしていくと、本物のナノハナのような茎になります。茎の先端に付ける花の素材を変えて、ひとりひとりのイメージに合ったナノハナを作ってもいいですね。型紙▶124ページ　製作▶秋山理香

素材　色画用紙・折り紙・ストロー・綿

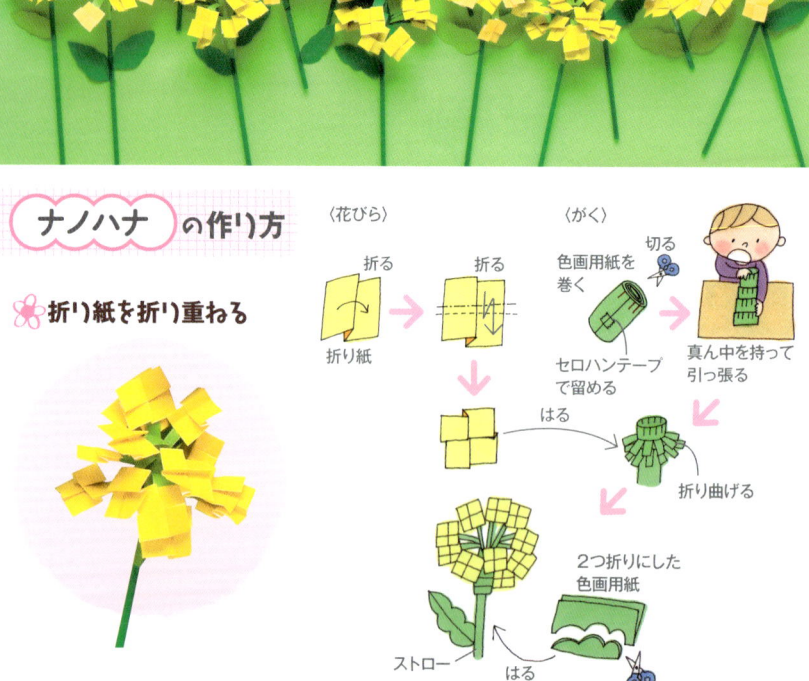

ナノハナ の作り方

折り紙を折り重ねる

〈花びら〉
折り紙 → 折る → 折る → はる

〈がく〉
色画用紙を巻く / セロハンテープで留める → 切る / 真ん中を持って引っ張る → 折り曲げる

2つ折りにした色画用紙

ストロー / はる

ナノハナ のバリエーション

年齢別 子どもと作れる壁面・月の製作アイディア
子どもたちと作ろう

早春 自然 / ナノハナ

🌸 色画用紙をクロスさせる

素材 色画用紙・画用紙・ストロー　　**3歳児** くらい

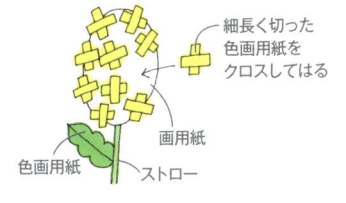

- 細長く切った色画用紙をクロスしてはる
- 画用紙
- 色画用紙
- ストロー

作り方のポイント！
クロスさせて花びら感を
子どもたちが自由にはれるよう、色画用紙は多めに用意します。素材を変えてもOK!

🌸 フラワーペーパーをねじる

素材 色画用紙・トイレットペーパー芯・フラワーペーパー　　**4歳児** くらい

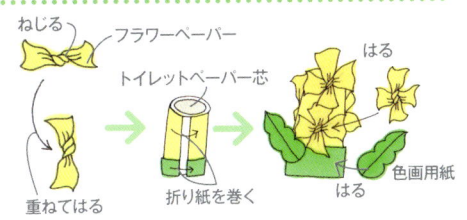

- ねじる
- フラワーペーパー
- はる
- 重ねてはる
- トイレットペーパー芯
- 折り紙を巻く
- 色画用紙
- はる

作り方のポイント！
円柱なのでどこから見ても花びらが
土台は二色の折り紙を巻いたトイレットペーパー芯を使います。花を重ねてボリュームを出しましょう。

🌸 紙テープを輪にして重ねる

素材 色画用紙・紙テープ・ストロー・封筒（白）・新聞紙　　**5歳児** くらい

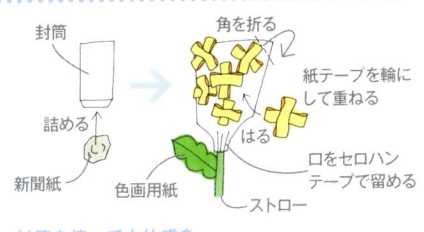

- 封筒
- 詰める
- 新聞紙
- 角を折る
- 紙テープを輪にして重ねる
- はる
- 口をセロハンテープで留める
- 色画用紙
- ストロー

作り方のポイント！
封筒を使って立体感を
封筒に新聞紙を詰めて作るので、ふっくら感が出せます。花びんを作って飾ってもかわいいですね。

早春
卒園

いろんなこと、あったね！

1年間で楽しかったことは？ がんばったことは？ 子どもたちが一番印象に残ったことを描いた作品を月ごとに並べて、思い出の壁面を作りましょう。

型紙▶125ページ　　製作▶藤沢しのぶ

素材　色画用紙・画用紙

そつえん
おめでとう

額縁 の作り方

🌸 思い出の絵を描こう

画用紙

フェルトペンで
絵を描く

↓はる

色画用紙

額縁 のバリエーション

年齢別 子どもと作れる壁面・月の製作アイディア
子どもたちと作ろう

早春 卒園 / 額縁

🌸 リボンを通す [素材] カラーせいさく紙・画用紙・リボン （3歳児 くらい）

- 切り抜く
- パンチで穴をあける
- リボンを穴に通す
- リボンを結ぶ
- 画用紙
- カラーせいさく紙
- 絵を描いて額縁を重ねてはる

作り方のポイント！
好きな穴にどんどん通そう
リボンを通すときは穴に順番に通しても、とびとびで通してもジグザグでもOK！

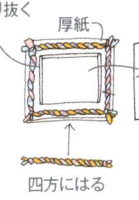

🌿 はぎれ布を編む [素材] 画用紙・厚紙・はぎれ布 （4歳児 くらい）

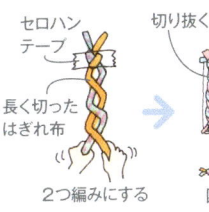

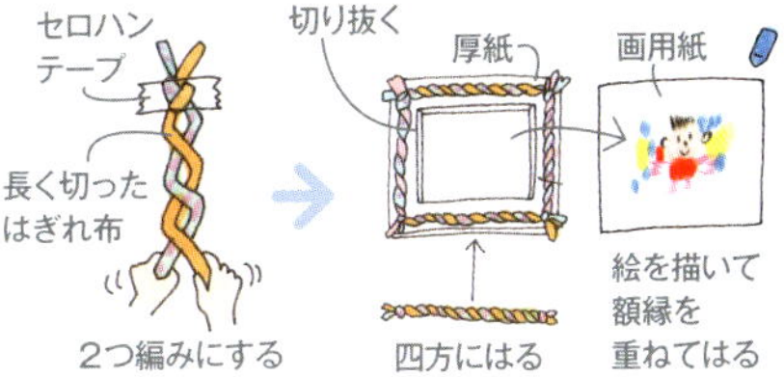

- セロハンテープ
- 長く切ったはぎれ布
- 2つ編みにする
- 切り抜く
- 厚紙
- 四方にはる
- 画用紙
- 絵を描いて額縁を重ねてはる

作り方のポイント！
編むときは固定をしてから
2つ編みなので、ねじっていくだけで完成。布を結んで固定をすれば、ひとりでもスイスイ編めますね。

🌼 ストローで飾り付け [素材] 色画用紙・画用紙・厚紙・リボン・ストロー （5歳児 くらい）

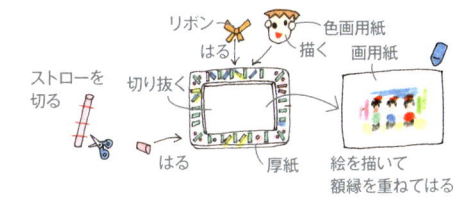

- ストローを切る
- はる
- リボンはる
- 色画用紙 描く
- 切り抜く
- 画用紙
- 厚紙
- 絵を描いて額縁を重ねてはる

作り方のポイント！
好きな長さに切ってはろう
ストローは子どもたちが好きな長さに切るので、短いものを散りばめても、長いものを重ねてもOK！

早春 卒園

卒園おめでとう！

色とりどりの花束が、卒園する子どもたちを祝福します。花はフラワーペーパーでふんわり感を、紙テープで立体感を演出。動物が着ている制服のデザインを園のものに作り変えてもいいですね。

型紙 ▶ 126ページ　製作 ▶ うえはらかずよ

素材　色画用紙・フラワーペーパー・紙テープ・リボン・レース

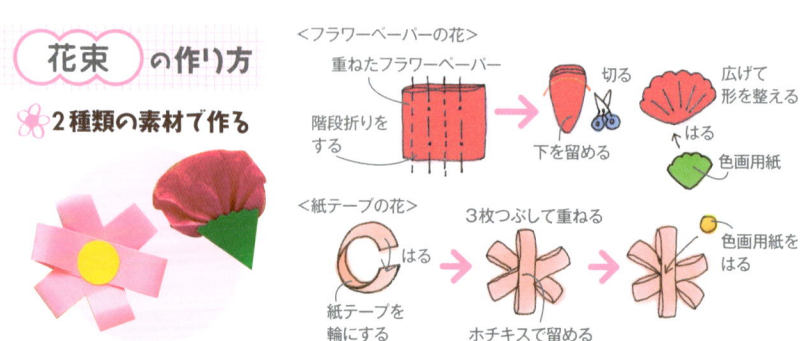

そつえん おめでとう

花束 の作り方

2種類の素材で作る

〈フラワーペーパーの花〉
重ねたフラワーペーパー → 階段折りをする → 下を留める → 切る → 広げて形を整える → はる → 色画用紙

〈紙テープの花〉
紙テープを輪にする → はる → 3枚つぶして重ねる → ホチキスで留める → 色画用紙をはる

花束 のバリエーション

年齢別 子どもと作れる壁面・月の製作アイディア
子どもたちと作ろう

早春 卒園 / 花束

🌸 コーヒーフィルターを染める

素材 色画用紙・コーヒーフィルター・包装紙・リボン・モール

3歳児 くらい

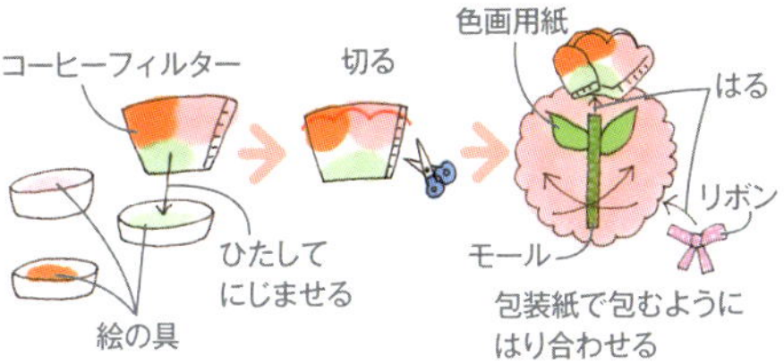

コーヒーフィルター → ひたしてにじませる（絵の具） → 切る → 色画用紙・はる・リボン・モール・包装紙で包むようにはり合わせる

作り方のポイント！ フィルターは染め紙にピッタリ！
コーヒーフィルターは、水分をよく吸収するので染めやすく、しあがりも淡く優しい印象に。

🌸 フラワーペーパーの花

素材 色画用紙・フラワーペーパー・不織布・ストロー・リボン

4歳児 くらい

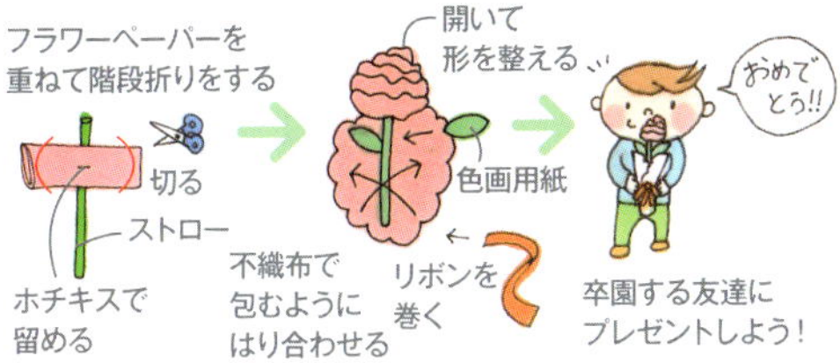

フラワーペーパーを重ねて階段折りをする → ホチキスで留める・切る・ストロー → 不織布で包むようにはり合わせる・リボンを巻く → 開いて形を整える・色画用紙 → 「おめでとう!!」卒園する友達にプレゼントしよう！

作り方のポイント！ 折って開くまでをすべて自分で
細かい作業が多いですが、学期納めの3月は製作を通して成長した姿が見られるかもしれませんね。

🌸 先生が作る花束

素材 不織布・フラワーペーパー・モール・レースペーパー・リボン

保育者

ピンキングバサミで切った不織布 → 3枚くらい続けて重ねて巻く → 中心をつまんで巻いていく → モールでねじって留める → 色違いも作る・レースペーパー・フラワーペーパー・包むようにはる → リボンを巻く

作り方のポイント！ 不織布を重ねて上品に
子どもたちへ先生からもプレゼント。ピンキングした不織布を重ねて包むだけで上品な花束に。

早春
卒園

こんなことできるようになったよ

子どもたちと1年間でどんなことができるようになったかを話し合い、絵にします。それをシャボン玉に見たてて、フワフワ浮かんでいるように飾りましょう。 型紙▶127ページ　製作▶藤江真紀子

素材　色画用紙・画用紙

そつえん おめでとう

シャボン玉 の作り方

🌸 **できるようになったことを絵で表現**

フェルトペンで絵を描く

画用紙　　周りを切る

シャボン玉 のバリエーション

年齢別 子どもと作れる壁面・月の製作アイディア
子どもたちと作ろう

早春 卒園 / シャボン玉

🌸 はじき絵をかたどる　素材：画用紙・おわんなど丸い形のもの　3歳児くらい

画用紙 → クレヨンで模様を描く → 絵の具ではじき絵をする → 丸の形にトレースする → 切る

作り方のポイント！　自分で丸を描くのが楽しい
まだ丸をきれいに描くのは難しいという子も、おわんなどに沿って丸をかたどればじょうずに描けます。

🌿 霧吹きでにじませる　素材：和紙　4歳児くらい

フェルトペンで模様を描く → 乾かす
和紙 → 霧吹きでにじませる → 丸く切る

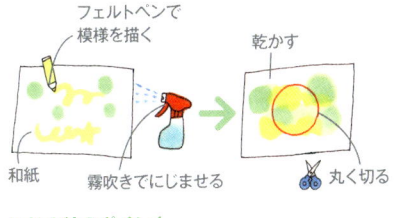

作り方のポイント！　にじみ絵のポイント
水を全体に吹きかけるように一気に吹きかけると、じんわりとにじんでいくようすを楽しめます。

🌼 マーブリングのシャボン玉　素材：画用紙　5歳児くらい

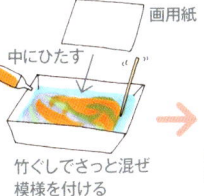

画用紙
マーブリング（彩液）
水を張ったトレイ
中にひたす → 竹ぐしでさっと混ぜ模様を付ける → 乾かしてから丸く切る → 丸く切る

作り方のポイント！　竹ぐしでさっと混ぜていく
色が混ざり合うようすを観察しながらマーブリングを楽しみましょう。子どもの感性が磨かれますね。

91

早春
卒園

はばたけ！ 子どもチョウチョウ

大きいチョウチョウのご案内でヒラヒラ…小学校まで羽ばたこう！ 自分をチョウチョウに変身させて、羽には将来の夢や思い出を描くと、より期待感が高まりますね。 型紙▶ 127ページ 製作▶藤沢しのぶ

素材 色画用紙・画用紙・折り紙・キラキラテープ

そつえん おめでとう

チョウチョウ の作り方

🌸 自分をチョウチョウに変身

色画用紙

半分に折って切る

折り紙

広げる

はる

のり付け

折り紙を少し小さめに切る

はる

色画用紙に模様を描き筒にする

色画用紙をはる

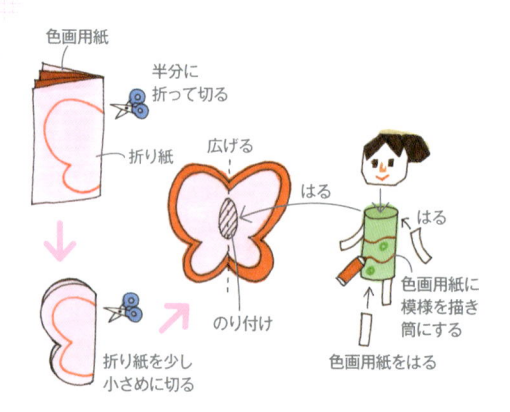

空飛ぶ○○ のバリエーション

年齢別 子どもと作れる壁面・月の製作アイディア
子どもたちと作ろう

早春 卒園

空飛ぶ○○

🌸 たんぽでスタンプ　素材 色画用紙・モール　3歳児くらい

自由にたんぽする

絵の具　色画用紙

描く　モールをはる　色画用紙　はる

作り方のポイント!
たんぽは持ち方に気を付けよう
たんぽをするときは、縛り口の近くを包むように持つと、きれいな模様がスタンプできます。

🌿 気球に絵を描く　素材 色画用紙　4歳児くらい

フェルトペンで絵を描く
色画用紙　はる
模様を描く

作り方のポイント!
思い出や夢を気球に乗せて
気球に描く絵はクラスの思い出や将来の夢など、クラスに合わせてテーマを考えるといいですね。

🌼 将来の夢を書く　素材 色画用紙　5歳児くらい

色画用紙
→ はる
顔と体をはる

しょうぼうに なりたい!!
将来の夢を描こう!

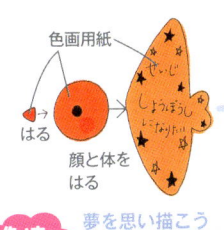

作り方のポイント!
夢を思い描こう
ひらがなを書くのが難しい子は手を取っていっしょに書き、見本を見せるなどの援助をしましょう。

付録

壁面を子どもと楽しく作ってみよう!

7つのポイント

～毎月の製作活動にしても～

壁面を子どもと楽しく作れる7つのポイントを紹介しています。壁面に限らず、毎月の製作活動としても楽しめます。

ポイント1

前日までに準備をしよう
当日慌てないように、チェック→イメージ→またチェック

▶ **必要な物は何?**
作る物が具体的に決まったら、何を準備すればいいかを考えます。折り紙や必要なパーツは前日までに保育者が子どもに配りやすいように準備、製作道具は当日に子どもたちが用意、といったようにだれが何をどのように準備すればいいかをしっかり確認しましょう。

▶ **製作風景をイメージ**
活動風景をイメージすることで、子どもたちに見せる見本を用意し忘れていた、など小さなミスに気づき、事前に防げます。

ポイント2

製作への導入は?
子どもたちの期待を高める大切なポイント

製作前の導入のやり方次第で、子どもたちの興味関心はグッと変わってきます。絵本や歌、クイズやなぞなぞなど製作に関連したものを取り入れ、子どもたちの『作りたい!』という意欲を高めましょう。

ポイント3

子どもたちの準備として
効率よく流れを作ってスムーズに

▶ **まとめておく**
製作に使う物はまとめて用意できるよう工夫しましょう。製作箱を作ったり、お道具箱のふたを使用し、道具や製作パーツをひとつにまとめると、落とす、なくす、などのタイムロスを防ぎ、スムーズに製作活動ができます。

▶ **動線を考えて**
準備をするときは一度にみんなが用意する物を取りに行くと混雑してしまうので、流れを作ります。女の子から順番に、反時計回りに、などルールを決めて順序よく準備を進めましょう。

ポイント 4
楽しく作ってみよう！

▶切る
安全面はしっかり配慮

刃物など、危険なものを扱うときは必ず約束事の確認を行ないましょう。約束を復唱することで、よりひとりひとりの意識づけができます。

切り方のコツ

切るときは、線の上を真っすぐに切る、線の上の形を切る、といったように段階を踏んで子どもの発達に合わせた指導をしましょう。ハサミではなく、紙を動かして切るということが指導のポイントとなります。

▶はる
はり方の基本を知れば、どんな物にも発展可能

のりをはる指、のりの量、汚れた手をふく物など子どもたちといっしょに確認します。端から順番に塗る、ダイナミックに全体を塗るなど、いろいろなはり方を知ればどんな製作にも応用できます。

▶描く
子どもの想像力を膨らませることばかけを

「目は丸じゃなきゃダメ！」といったように、イメージを押し付けるようなことばがけをするのではなく、「そういう見え方もあるよね」「〇〇の形もステキだね」など、子どもの表現や気持ちを認め、尊重することばがけを心がけましょう。

さまざまな描写材料を体験

フェルトペンはにじむ、絵の具は混ざる、クレヨンははじくなど、それぞれの素材のよさを生かした指導をすると、製作活動の幅が広がります。

ポイント 5
効率よくおかたづけ
かたづけまでが製作活動です

製作活動がうまくいっても、かたづけに時間がかかってしまった、という話をよく聞きます。かたづけまで段取りよく行なってこその製作活動。道具のかたづけ場所を具体的に示したり、ゴミはひとつにまとめて捨てるなど、効率よくかたづけられる配慮をしましょう。

ポイント 6
飾るとうれしい！
飾ることを喜びに

自分の作品が飾られていると、子どももうれしいものです。壁面として周りに飾ったり、窓につるしたりと、子どもが自分の作品を見つける喜びを味わえるよう工夫しましょう。

ポイント 7
持って帰りたくなる
子どもと保護者のコミュニケーション

持って帰ることで、子どもと保護者のコミュニケーションにつながります。子どもが保護者に伝えたくなるような製作活動ができるよう、心がけましょう。

平面製作物は束ねて保管すると、子どもたちの成長も見られて喜ばれますね。

> 現場の
> ベテラン先生が
> 語った！

年齢別 製作活動を楽しくするコツ

年齢によって子どもたちの発達はさまざまです。それぞれの子どもたちの成長に応じた活動や援助をし、楽しい製作活動にしたいですね。

3歳児 具体的に楽しく見せよう！

初めての製作活動、いきなり「折り紙を折って」「ハサミで切って」と言われても、子どもたちの手は進みません。3歳児は基本が大切。『何をどうすればいいのか』を具体的に示し、言葉や動作で楽しく見せられれば二重丸！ 折り紙の角を「お山」と見たて、折るときは「こんにちは」と言葉を付け加えるだけで、グッと楽しい製作ができるはず。自分なりの言葉を見つけて工夫しましょう。

4歳児 具体的に褒めよう！

「すご～い」「じょうずにできたね」だけでは、子どもたちは何が「すごくて」何が「じょうずにできたか」わかりません。こんなことばがけでは子どもたちの心には届きませんね。子どもががんばったところを素早く見つけ、「何をどうがんばってどんなふうになったのか」を具体的に子どもに伝えることが大切です。これが子どもの長所を伸ばすきっかけへとつながっていきます。

5歳児 子どもの思いを聞いて、やりたいことを具体的に引き出そう！

「今日は○○を作ります」と保育者がすべて決めて活動を進めるのは、子どもたちにとって受身、つまり「やらされている活動」になってしまいます。それとなく活動内容に沿った問いかけをし、子どもたちが自分で「考える」「伝える」ことを大切にしましょう。なかなか自分の思いを伝えられない子には、さりげない援助や助言を。子どもたちが主体となって活動を進められるようにしましょう。

お手軽♥型紙集

かんたん！便利な型紙43点!!

本書紹介の秋、冬、早春の壁面の型紙を掲載しています。
それぞれの園に合わせて、拡大率を調整してコピーをしてお使いください。

P.6-7 秋 収穫 リンゴいっぱいうれしいね

P.8-9 秋 収穫 秋の田んぼ

P.10-11 秋 収穫 ブドウ狩り楽しいね

●それぞれの園に合わせて、拡大率を調整してコピーをしてお使いください。

P.12-13 🌸 収穫 ブドウ農園

●それぞれの園に合わせて、拡大率を調整してコピーをしてお使いください。

P.14-15 秋 自然 きせかえ♪ トンボのメガネ

P.16-17 秋 自然 コスモスのお花畑で

P.18-19 秋 お月見 お月見列車でGO！

●それぞれの園に合わせて、拡大率を調整してコピーをしてお使いください。

P.20-21 秋 運動会　ウサギとカメの運動会

スタート

ゴール

102　●それぞれの園に合わせて、拡大率を調整してコピーをしてお使いください。

P.22-23 秋 収穫 みんなでイモ掘り大会

●それぞれの園に合わせて、拡大率を調整してコピーをしてお使いください。

P.24-25 🌸秋 遠足 ほっこり♪ サファリパーク

P.26-27 🌸秋 遠足 ゴーゴーゴー！ マツボックリ＆ドングリ拾い

●それぞれの園に合わせて、拡大率を調整してコピーをしてお使いください。

P.28-29 秋 自然 ドングリのオシャレ帽子

ピンキングバサミで切る

●それぞれの園に合わせて、拡大率を調整してコピーをしてお使いください。

P.30-31 秋 自然 パチパチ弾けろ！ クリぼうやたち

P.32-33 秋 自然　ウサギのキノコ狩り

●それぞれの園に合わせて、拡大率を調整してコピーをしてお使いください。

P.34-35 秋 自然 ミノムシくんとぶ〜らぶら

108 ●それぞれの園に合わせて、拡大率を調整してコピーをしてお使いください。

P.36-37 秋 自然　野原のかくれんぼう

P.38-39 秋 自然　落ち葉の下で見～つけた！

●それぞれの園に合わせて、拡大率を調整してコピーをしてお使いください。

P.40-41 秋 発表会 はら太鼓でポンポコポン

P.42-43 冬 クリスマス プレゼントの中身はなぁに？

P.44-45 冬 クリスマス みんなで楽しくツリーを飾ろう！

●それぞれの園に合わせて、拡大率を調整してコピーをしてお使いください。

P.46-47 冬 クリスマス みんなの特大ツリー

112　●それぞれの園に合わせて、拡大率を調整してコピーをしてお使いください。

P.48-49 冬 クリスマス サンタの国のポケットツリー

P.50-51 冬 クリスマス ケーキがたくさん！ おいしそう♪

●それぞれの園に合わせて、拡大率を調整してコピーをしてお使いください。

P.52-53 冬 お正月 十二支オールスターズ

長方形+円+だ円+半円

三角形+正方形+長方形+円+だ円+半円

三角形+長方形+円+だ円+半円

長方形+円+だ円

三角形+長方形+円+だ円

三角形+長方形+だ円+半円

三角形+長方形+円+だ円+半円

長方形+円+だ円

三角形+長方形+円+半円

長方形+円+だ円

長方形+円+だ円

三角形+長方形+円+だ円

※動物は、三角形、正方形、長方形、円、だ円、半円を組み合わせて作られています。組み合わせ次第で、さまざまな動物にアレンジできます。

●それぞれの園に合わせて、拡大率を調整してコピーをしてお使いください。

P.54-55 冬 お正月 オシャレ模様☆だるま

●それぞれの園に合わせて、拡大率を調整してコピーをしてお使いください。

P.56-57 冬 お正月　書き初めふう和風だこ

P.58-59 冬 節分　鬼にへんし〜ん☆

P.60-61 冬 節分　決戦！！　鬼が島

●それぞれの園に合わせて、拡大率を調整してコピーをしてお使いください。

P.62-63 冬 節分　鬼さんと縄跳びピョ〜ン

P.65 帽子 のバリエーション

牛乳パックで編む
〈牛乳パックの編み機の作り方〉

9cm / 9cm 底を切り取った牛乳パック → 切り取る → 3cm残して折る → カラークラフトテープを巻く

●それぞれの園に合わせて、拡大率を調整してコピーをしてお使いください。

P.66-67 冬 戸外遊び 冬を駆けろ！ ボーダー＆スキーヤー

スノーボード

スキーの板

●それぞれの園に合わせて、拡大率を調整してコピーをしてお使いください。

P.68-69 冬 戸外遊び なが～い雪だるま

P.70-71 早春 自然 ウメの下でひなたぼっこ

120 ●それぞれの園に合わせて、拡大率を調整してコピーをしてお使いください。

P.72-73 早春 ひな祭り モモにちょこん♪ ひな人形

モモの木はほかより200%
大きく拡大してください

モモの木はほかより200%
大きく拡大してください

●それぞれの園に合わせて、拡大率を調整してコピーをしてお使いください。

P.74-75 早春 ひな祭り クルクルおしなさま

P.76-77 早春 ひな祭り 竹からにっこりプチしな人形

●それぞれの園に合わせて、拡大率を調整してコピーをしてお使いください。

P.78-79 早春 自然 トントントン春ですよ〜！

P.80-81 早春 自然 サラサラ春の小川

●それぞれの園に合わせて、拡大率を調整してコピーをしてお使いください。

P.82-83 早春 自然 ふ〜わふわタンポポ

P.84-85 早春 自然 ナノハナ畑でなにして遊ぼ♪

P.86-87 早春 卒園 いろんなこと、あったね！

そつえん おめでとう

4 5 6
7 8 9
10 11 12
1 2 3

P.88-89 早春 卒園　卒園おめでとう！

そつえん
おめでとう

●それぞれの園に合わせて、拡大率を調整してコピーをしてお使いください。

P.90-91 早春 卒園　こんなことできるようになったよ

P.92-93 早春 卒園　はばたけ！　子どもチョウチョウ

壁面・バリエーション製作

- 秋山理香
- イケダヒロコ
- いわいざこ まゆ
- うえはらかずよ
- 大橋文男
- くるみれな
- 藤江真紀子
- 藤沢しのぶ
- むかいえり

※本書は、『月刊 保育とカリキュラム』2007年度～2011年度掲載の壁面のなかから厳選したものと、本書のために新たに製作した壁面を合わせて1冊にまとめました。

STAFF

● 本文イラスト
しまだ・ひろみ・ささきともえ
貞岡奈月子・中小路ムツヨ

● 型紙イラスト
坂川由美香(AD・CHIAKI)
秋山理香・イケダヒロコ
くるみれな・藤江真紀子
藤沢しのぶ・むかいえり

● 本文デザイン
瀬上奈緒(フレーズ)

● アートディレクション
大藪胤美(フレーズ)

● 写真撮影
小野寺宏友・山田博三・佐久間秀樹

● 編集協力
株式会社 童夢

● 企画協力
保育教材研究会・平井洋子

● 企画・編集
長田亜里沙・安藤憲志
藤濤芳恵・濱田時子・井家上萌

● 校正
堀田浩之

ハッピー保育books⑫

年齢別 子どもと作れる壁面・月の製作アイディア176点

かわいい壁面プチ 秋・冬・早春編

2011年9月 初版発行
2015年8月 6版発行

編著者　ひかりのくに編集部
発行人　岡本 功
発行所　ひかりのくに株式会社
〒543-0001　大阪市天王寺区上本町3-2-14　郵便振替00920-2-118855　TEL.06-6768-1155
〒175-0082　東京都板橋区高島平6-1-1　郵便振替00150-0-30666　TEL.03-3979-3112
ホームページアドレス　http://www.hikarinokuni.co.jp

本書のコピー、スキャン、デジタル化等の無断複製は著作権法上での例外を除き禁じられています。本書を代行業者等の第三者に依頼してスキャンやデジタル化することは、たとえ個人や家庭内の利用であっても著作権法上認められておりません。

印刷所　大日本印刷株式会社
©2011　乱丁、落丁はお取り替えいたします。

Printed in Japan
ISBN978-4-564-60794-3
NDC376　128P 18×13cm